ENTRETIENS SPIRITES

PAR LES AUTEURS

DES ORIGINES ET DES FINS

SUIVIS DES

PLANS DE L'ESPACE

———

PARIS

LIBRAIRIE DES SCIENCES PSYCHIQUES ET SPIRITES

42, RUE SAINT-JACQUES

—

1901

ENTRÉTIENS SPIRITES

ENTRETIENS SPIRITES

PAR LES AUTEURS

DES ORIGINES ET DES FINS

SUIVIS DES

PLANS DE L'ESPACE

———— ✳ ————

PARIS

LIBRAIRIE DES SCIENCES PSYCHIQUES ET SPIRITES

42, RUE SAINT-JACQUES

——

1901

PRÉFACE

Il y a environ une douzaine d'années
l'auteur regretté de « Choses de l'autre
Monde », Eugène Nus, présentait au public,
avec quelque hésitation, un petit livre, très
étrange, intitulé : « Les Origines et les
Fins ». Ce livre, de haute métaphysique,
avait été écrit, nous apprenait-il, par
trois dames de Lyon, d'instruction ordinaire,
mais qui se défendaient absolument d'en
être les auteurs véritables. Elles affirmaient
énergiquement qu'elles n'étaient que les
simples interprètes d'un trio « d'Esprits »
qui, sous le nom bizarre de « Dualités de
l'Espace », avaient entrepris de donner au
monde un enseignement capable de le conduire, par la connaissance réelle de ses
origines et des devoirs qui en découlent, aux
fins éminemment consolantes auxquelles

nous sommes destinés ; et auxquelles nous ne
parviendrions qu'avec une extrême lenteur,
par suite des égarements dans lesquels nous
persistons de plus en plus, si l'aide spirituelle ne venait de temps en temps nous
remettre dans le bon chemin.

A l'époque où écrivait E. Nus, il y avait
un certain courage à patronner une telle
œuvre. Aujourd'hui, il n'aurait plus besoin
d'avoir recours aux mêmes précautions
oratoires. Pendant que sa foi s'éclairait et
s'affermissait, le monde, autour de lui, s'ins-
truisait. On sait maintenant que ces choses
sont possibles. A côté d'une foule de pro-
ductions ineptes, dites « médianimiques »,
acceptées trop aisément dans de petits cer-
cles crédules, et qui doivent le jour, soit à
l'imagination somnambulique des médiums,
soit aux divagations, à peine conscientes, de
certains désincarnés, que l'on n'ose ni cri-
tiquer, ni même seulement questionner, il
existe des œuvres d'une réelle valeur, dues
certainement à l'action du Monde invisible
sur des cervelles humaines. Elles sont assez
rares, il est vrai, comme tout ce qui est
authentique et précieux, mais ceux qui
prétendent que la médiumnité ne produ-

invariablement que confusion et banalité, je citerai :

1° *La Divine Harmonie*, par A. J. Davis, apprenti cordonnier ;

2° *Edwin Drood*, par le médium illettré de Ch. Dickens ;

3° *La vie de Jeanne d'Arc*, par une enfant de 14 ans, Herm. Duffaux ;

4° *La Clef de la Vie*, par un berger du Var, L. Michel ;

5° *Arcana of Nature*, par Hudson Tuttle, illettré ;

6° *Les Enseignements spiritualistes*, par Stainton Moses, un pasteur protestant, dont les idées étaient en opposition formelle avec ce qu'il écrivait, etc., etc.

Je n'hésite pas à ajouter à cette série :

« *Les Origines et les Fins* », et leur suite actuelle « *Entretiens spirites* » et les « *Plans de l'Espace* », objet de ce petit livre.

Et, par le fait, comment concevoir raisonnablement que trois braves et excellentes provinciales aient eu l'idée ambitieuse de faire le bonheur de l'humanité, en la dotant d'un nouvel ouvrage de philosophie, éclos dans leur cervelle, et qu'elles aient osé faire paraître un tel livre sans se couvrir de ridi-

cule ? Est-ce que, dès les premières lignes,
(dès les premiers chapitres, si vous voulez),
tout penseur, habitué aux rêveries métaphysiques, n'aurait pas reconnu, soit l'inexpé-
rience, soit les emprunts plus ou moins
adroits, faits par nos bonnes bourgeoises aux
systèmes connus ?.

Et pourtant rien de tel ne s'est produit ;
et en lisant « *les Origines et les Fins* », le
public, ratifiant l'opinion de Nus, surpris et
émerveillé, a fait un véritable succès à cette
brochure pleine d'idées si neuves, et qui
donnait une solution originale au problème
tant discuté de nos destinées, en même
temps qu'elle éveillait en nous des réflexions
sans fin sur les sujets les plus imprévus,
les plus hardis et les plus troublants.

Eug. Nus n'est plus, hélas ! pour offrir
au lecteur, avec la verve et le bon sens qui
le caractérisaient, la suite merveilleuse des
enseignements des « Trois Dualités ». Car
« les Voix » ne se sont pas tues. Plus impres-
sionnantes que jamais, elles affirment, à
nouveau, l'utilité de la mission qu'elles ont
à remplir, et l'importance de leurs révélations. Le public jugera... Nul doute que Nus
n'eût été plus enthousiasmé par cette seconde

série qu'il le fut par la première. Il est
certain que l'intérêt est allé en croissant ;
et c'est un bien étonnant problème que sou-
lèvent ces communications métaphysiques,
qui, à de si longs intervalles, ont gardé un
caractère si constant de personnalité et d'en-
chaînement dans les idées. Les lecteurs de
la « *Revue Spirite* », qui ont eu la primeur
de ces « Entretiens », disséminés dans un
grand nombre de livraisons, ont fréquem-
ment manifesté le désir de les voir réunis
en un volume; et c'est à la faveur que cette
publication a rencontrée, qu'elle doit de
paraître aujourd'hui sous une forme, qui
fait mieux saisir le lien qui rattache les
« Entretiens », et leur donne un corps.

La doctrine, entrevue par Nus, se complète ici et se précise. Avec une science et
une profondeur de vues réelles, elle trouve
moyen de faire accorder à la fois les données spirites, théosophiques et occultistes. Il
semble que les trois personnalités invisibles
qui ont rédigé cet ouvrage appartiennent
respectivement à chacune de ces Ecoles, et
que, des hauteurs où elles planent, elles aient
vu les points communs qui établissent l'harmonie de l'ensemble ; tandis que sur notre

pauvre globe nous ne saisissons que les motifs qui divisent. Et le plus singulier c'est que, tout en satisfaisant dans une large mesure aux notions favorites des trois grandes Ecoles spiritualistes, les auteurs des « Entretiens Spirites » conservent constamment une originalité de vues extrêmement personnelle.

Il est fort difficile de résumer en quelques lignes, sans le défigurer, l'enseignement des « Trois Dualités ». A la remarque faite par Nus que cet enseignement, s'il est discutable, ne manque toujours pas d'une ampleur remarquable, j'ajouterai seulement que, comme dans les doctrines kardéciste et théosophique, la morale y est d'une pureté et d'une sublimité grandioses. Entièrement basée sur la solidarité, l'altruisme, le renoncement et le sacrifice, elle n'admet pas d'autre récompense que la satisfaction que donnent le dévouement et le devoir accompli. Par là, nous parviendrons au but de l'humanité : le savoir absolu, qui est la *Vérité*; l'idéal absolu, qui est l'*Amour* de tous en *Un*.

Quant au processus suivi par les Êtres, il peut se résumer de la manière suivante :

Les scories d'une création antérieure constituent la Matière actuelle, que la *Volonté* et
l'*Idéal*, émanés du foyer divin, se proposent
de faire évoluer. Dans ce but, unis à l'origine, ces deux principes se séparent et constituent d'innombrables *parcelles*, ou *dualités*
animiques, les unes positives, provenant de
la Volonté, les autres négatives, provenant
de l'Idéal ; *atomes d'âmes*, qui s'incarnent
dans les atomes de matière, et sous l'action
régulatrice du *fluide éthéré*, organisent
le monde ; le transforment, en passant par
les différents règnes de la nature ; se groupent pour constituer des collectivités d'êtres
de plus en plus élevés ; jusqu'à ce que la
matière épurée, d'une part, (sauf certaines
scories irréductibles qui serviront dans une
évolution future), et les parcelles reconstituées de l'autre, fassent leur entrée dans le
foyer de l'Infini.

Ainsi, l'atome minéral s'élève par l'absorption à la vie végétale, puis à la vie animale,
incorporé par l'alimentation dans la substance cérébrale de l'homme, il devient la
pensée fluidisée sous l'effort intellectuel. Le
monde astral s'alimente de ces fluides, et les
transmet, élevés d'un degré, au monde spi-

rituel. Par une opération analogue, celui-ci les transmet au monde divin ; et, par cette incessante sublimation, la matière fluidifiée se réduit aux deux expressions : *Volonté* et *Idéal*, qui sur le plan divin deviennent *Intelligence* et *Amour* ; et un nouveau cycle recommence.

De leur côté, les « Parcelles » animiques se forment en *groupements* d'affinité, elles croissent en nombre et en valeur suivant leurs expériences d'incarnations successives. L'âme humaine est un *groupement de parcelles*, résumé des expériences des composantes. A la mort, ce groupement se subdivise ; l'un, le groupe *secondaire*, reste dans l'astral, et est soumis aux réincarnations purificatrices ; l'autre, le *groupement supérieur*, passe à la vie spirituelle, d'où il dirige l'évolution de ses groupes secondaires, et par eux des incarnés, qu'il attire à lui, en les forçant, par des épreuves, à ne pas retarder leur marche commune ascendante.

Telle est à grands traits l'économie de ce système, qui contient certainement des parts de vérité communes à plusieurs autres systèmes, tout en restant original.

« Que sont devenues, me dira peut-être

quelque lecteur curieux, les trois modestes collaboratrices terrestres des dualités de l'espace? ». Le temps, de ce côté, a fait son œuvre, comme il était facile de le prévoir. L'une d'elles, Mme K..., qui, paraît-il, était l'âme du petit cénacle, est partie, il y a plus de 8 ans, rejoindre, suivant son espoir, son groupement supérieur. L'autre, Mme Mi..., a cessé de recevoir les instructions de ses guides, qui se sont attachés spécialement à la troisième, Mme Mo..., restée par conséquent seule interprète de leur pensée; et qui trouve, dit-elle, « une douceur et un enchantement que rien n'égale à écrire sous leur lumineuse inspiration ».

Que dirais-je encore? C'est sous forme de « Questionnaire » que nos « Dualités » semblent, cette fois-ci, trouver préférable de donner leur enseignement. Par une singularité qui rappelle les phrases en douze mots de « Choses de l'Autre Monde », chaque série des « Entretiens Spirites » comprend également « douze » entretiens. Ce retour d'un nombre favori semble assez souvent le signe des communications spirites. C'est ainsi que Valentin Tournier obtenait ses poésies de 36 vers chacune invariablement.

Que l'on accepte ou non les théories contenues dans ce petit livre ; que l'on admette son origine spirituelle ou qu'on l'attribue à l'inconscience, ou même à la science, du médium; cette œuvre étrange est digne de sa devancière. Je défie qu'on la lise attentivement sans se sentir entraîné dans un monde de réflexions, sans voir s'entr'ouvrir les horizons de l'Infini, sans se sentir consolé et réconforté pour le labeur quotidien. J'ai lu cette œuvre à loisir, seul, m'élevant au-dessus du tumulte du monde ; et le lecteur, qui voudra bien la méditer de même, sentira la justesse des paroles qui terminent la 3e série :

« Je le conduirai dans la solitude, et là, je parlerai à son cœur ».

Paris, 13 septembre 1901.

G. BÉRA.

PREMIÈRE SÉRIE

PREMIER ENTRETIEN

D. — Que faut-il faire pour développer en soi l'amour de ses semblables ?

R. — Il faut apprendre à connaître la loi solidaire qui, seule, régit l'évolution des êtres et des mondes. Cette étude est la clef qui ouvre la voie aux forces éthérées de l'espace et leur permet de pénétrer dans les cœurs fermés.

D. — Quel résultat aura pour nous cette étude ?

R. — Elle vous aidera à vaincre l'orgueil en vous faisant constater la place infime que tout être occupe dans la création. La comparer à celle du grain de sable échoué sur la grève serait lui donner une importance qu'elle ne comporte pas.

D. — Quel autre résultat obtiendrons-nous encore ?

1

R. — Celui de détruire l'égoïsme en apprenant que votre progrès personnel n'a de
valeur qu'en ce qu'il concourt au progrès
général, d'où naîtra le désir ardent de travailler au bien et à l'avancement de tous.

D. — Que résulte-t-il pour nous du bien
matériel ou moral, que nous faisons à nos
frères ?

R. — Il attire autour de vous les fluides
sympathiques des désincarnés qui les aiment
et sont intéressés à leurs progrès. Ces fluides
vous entourent d'un réseau protecteur qui
vous garantit des dangers auxquels vous êtes
exposés, soit sur le plan physique, soit sur
le plan astral où se déroule simultanément
votre vie.

D. — Quels dangers nous menacent sur
le plan astral ?

R. — Ils vous exposent à subir les chocs
violents des fluides lourds de l'espace. Ces
chocs troublent votre mental et empêchent
les forces morales d'y produire leurs bons
effets.

D. — Qu'est-ce que les forces morales ?

R. — Les forces morales sont le reflet
des forces éthérées de l'Espace. Les développer en soi est le premier devoir de l'Incarné.

D. — Comment grandissent les forces morales ?

R. — Le progrès des forces morales étant le résultat de l'évolution, plus l'Être grandit moralement, plus se développent en lui les germes féconds du *savoir* et de l'*amour*.

D. — Que faut-il faire pour développer en soi les forces morales ?

R. — Se *vaincre* et *prier*.

D. — Comment s'obtient la maîtrise de la pensée ?

R. — Par la vision de plus en plus claire de la vérité. Celui qui a perçu, ne fût-ce qu'un instant, les idéales beautés de l'Invisible, ne peut plus que difficilement en détourner son cœur et sa pensée.

D. — Quand ce résultat est-il obtenu ?

R. — Lorsque les forces morales sont assez développées dans une âme pour permettre aux forces éthérées de l'Espace de s'unir à elle.

D. — Quels effet produit l'union de notre âme avec le fluide éthéré ?

R. — Le fluide éthéré apporte avec lui le complément de *sagesse* et d'*amour* qui donne l'essor aux pouvoirs supérieurs de l'âme et

lui permet de répandre autour d'elle le rayonnement de la *lumière* dont elle est pénétrée.

D. — Le milieu où vit l'Incarné peut-il
être un obstacle à cette union ?

R. —Il ne peut être un obstacle que pour
la diffusion extérieure du fluide éthéré, mais
il ne peut empêcher les effets intérieurs de
se produire dans l'âme qui s'en est rendue
digne.

D. — Pouvons-nous voir comment s'accomplit cette union ?

R. — La vision claire des fluides qui entourent et pénètrent tout être incarné est
le premier pouvoir acquis.

D. — Que devons-nous faire pour faciliter cette union ?

R. — Il faut mener une vie pure et habituer vos esprits à se nourrir de pensées
saines et élevées afin de les mettre à même
de pouvoir répondre aux vibrations des plans
supérieurs.

D. — Quel résultat obtenons-nous par ces
efforts ?

R. — Celui d'éviter que l'afflux du fluide
éthéré ne vienne donner une forme pouvant
avoir prise sur vous, aux conceptions erronées de votre imagination.

D. — Qu'est-ce qui produit les vibrations des plans supérieurs?

R. — C'est le murmure incessant des appels divins, conviant tous les Etres à la *perfection* et au *bonheur*.

D. — En résumé que nous apprend *surtout* l'étude de la loi solidaire?

R. — Elle vous apprend que vous êtes tous *préparés* et *aidés* selon les besoins de la tâche que vous avez à remplir *en vue de l'intérêt général*. Que les épreuves que comporte cette tâche sont proportionnées à vos forces et à vos aptitudes et non pas choisies d'après vos préférences et vos désirs.

Ces notions, amis, sont le balbutiement de nos âmes qui s'éveillent à la vie.

Sachons bien que tous, incarnés ou désincarnés, ne sommes qu'une humanité enfant commençant à épeler les premiers mots de la langue et du savoir des *Dieux*.

DEUXIÈME ENTRETIEN

D. — Qu'est-ce que la *prière* ?

R. — La prière n'est point cette formule banale que la routine met sur vos lèvres. C'est le souffle de l'esprit devenu conscient de sa propre vie. C'est le cri de l'Incarné montant dans l'Invisible pour attirer à lui le fluide éthéré qui est la nourriture de son âme comme le pain matériel est celle de son corps.

D. — Qu'est-ce donc que le fluide éthéré ?

R. — C'est le rayonnement du foyer divin de l'Infini, venant alimenter et vivifier les innombrables petits foyers que sont nos âmes travaillant sur les mondes à l'animation et à la transformation de l'inerte matière.

D. — Par quelle voie nous arrive ce rayonnement ?

R. — Par des courants magnétiques qui,

allant du pôle positif qu'est l'Infini au pôle
négatif qu'est l'Espace, enregistrent et transmettent les puissantes vibrations de l'un et
les faibles appels de l'autre.

D. — Nos prières peuvent-elles avoir accès
dans l'Infini ?

R. — Les aspirations de nos âmes-enfants
ne peuvent encore arriver jusqu'à ce brû-
lant foyer de *lumière* et d'*amour*.

D. — Qui donc répond à nos appels ?

R. — Ce sont nos frères aînés qui gravitent
sur les plans supérieurs de l'Espace d'où
nous recevons leur fraternelle assistance.

D. — Par quel moyen nous secourent-ils ?

R. — Par le moyen de courants secondaires qui relient entre eux tous les plans de
l'Espace.

D. — Qu'est-ce qui nous fait communiquer avec l'*Invisible* ?

R. — Ce sont les émanations fluidiques
produites en vous par le jeu des passions ou
le travail de la pensée. Ces fluides, actionnés
par les forces d'attraction et d'affinité, se
mélangent aux fluides similaires de l'Espace
et, réfractés ou réfléchis, se polarisent,
créant ainsi autour de vous des courants
fluidiques constamment en activité.

D. — Que produisent ces courants ?

R. — Ils établissent entre l'Invisible et vous un échange perpétuel de fluides plus ou moins clairs ou opaques selon le degré de pureté de la cause qui les a produits.

D. — Que font les fluides opaques ?

R. — Ils créent les courants néfastes à qui sont dus les douleurs du plan terrestre et les troubles du plan astral.

D. — Que devons-nous faire pour détruire ces courants mauvais ?

R. — Il faut vous efforcer d'assainir vos pensées en acquérant des notions plus justes de la vérité. Il faut également vous appliquer à épurer vos passions, afin de remplacer les fluides lourds que produisent l'ignorance et la haine par les fluides purs et lumineux du *savoir* et de *l'amour* !

Ces aperçus, amis, sont un nouvel aliment présenté à nos esprits par les frères aînés chargés de nous distribuer le pain de vie. De même qu'une nourriture plus substantielle est donnée à l'enfant qui court et s'agite qu'à celui dont la vie s'ébauche sur le sein de sa mère ; de même aussi une plus grande dose de *lumière* est-elle départie à l'âme devenue consciente de sa propre vie qu'à celle qui végète, encore inconsciente, dans les langes grossiers de la matière.

Pour terminer cet entretien, nous vous dirons que les perspectives de cette vie de l'âme ne comportent ni les courtes joies ni les durs labeurs de la vie matérielle, mais bien les ineffables surprises et les bonheurs sans fin de l'*Immortalité*.

TROISIÈME ENTRETIEN

D. — Qu'est-ce que les fluides ?

R. — Ce sont des lueurs plus ou moins pures, portant en elles l'image ineffaçable de la pensée ou de l'émotion qui les a produites.

D. — Qu'est-ce qui forme ces fluides ?

R. — Ce sont les pensées, les désirs, les aspirations des Incarnés du plan terrestre et des désincarnés du plan Astral.

D. — A quoi servent-ils ?

R. — Ils servent à composer l'atmosphère fluidique de l'Espace où vivent les désincarnés.

D. — A quoi sert cette atmosphère ?

R. — De même que par le jeu de la respiration vous attirez en vous les éléments atmosphériques qui entourent vos corps ;

de même, par le travail de la pensée, vous
vous assimilez la substance mentale de l'atmosphère fluidique dans laquelle se baignent
vos esprits.

D. — A quoi servent ces fluides que nous
nous assimilons ?

R. — De même que la vie du corps s'entretient par l'absorption et le rejet des éléments nécessaires, de même, c'est par
l'échange constant des fluides que s'entretient et s'alimente la vie de l'âme.

D. — Cet échange de fluides se continue-
t-il pendant le sommeil ?

R. — Pendant le sommeil le fluide de
l'Espace, attiré par les courants que vous
avez formés, continue d'influencer votre
mental. Celui-ci, dégagé des préoccupations
qui l'absorbent pendant l'état de veille, reçoit
plus facilement l'empreinte des images confuses qu'il lui présente ; de là proviennent
l'incohérence et la bizarrerie de vos rêves.

D. — Pouvons-nous devenir conscients de
cet échange de fluides ou pensées ?

R. — Vous le pouvez lorsque vos esprits,
cédant à l'intuition intérieure qui les sollicite,
cherchent les moyens de répondre à nos
appels.

D. — Ce commerce avec l'invisible n'offre-t-il aucun danger ?

R. — Il n'est dangereux que pour les Incarnés dominés par leurs passions. Leurs pensées mauvaises, attirant de l'Espace des pensées similaires, il ne peut résulter de leurs rapports conscients que trouble, confusion et tromperie.

D. — Que faut-il donc faire pour rendre ce commerce fructueux ?

R. — Il faut, nous le répétons, travailler constamment à éclairer votre entendement et à purifier vos cœurs.

D. — Quel résultat obtiendrons-nous ?

R. — Des clartés plus grandes dont profiteront les Incarnés de la terre et les Désincarnés de l'Espace.

D. — A quoi ces clartés serviront-elles aux Incarnés de la terre ?

R. — Elles serviront à les guider sur la route qui les conduit à la vérité.

D. — A quoi serviront-elles aux Désincarnés de l'Espace ?

R. — Elles les inciteront à détourner leur attention de la terre qui les attire pour la reporter sur les plans supérieurs d'où vient la lumière.

D. — Pouvons-nous avoir sur la terre la vision des évènements du passé ?

R. — Vous le pouvez lorsque les fluides que vous émettez sont assez purs pour refléter les images empreintes dans le fluide astral supérieur.

D. — Le fluide astral supérieur peut-il également nous donner la vision des évènements de l'avenir ?

R. — Il le peut parce qu'à son tour il reflète les images empreintes dans le fluide omniscient venant de l'Infini.

D. — Quel rôle joue le fluide parfait venant de l'Infini au milieu des fluides imparfaits de l'Espace ?

R. — Celui d'un régulateur suprême donnant à tous l'impulsion voulue pour les faire contribuer à la perfection des Etres et à l'harmonie des choses.

Nous vous remercions, amis, de l'empressement que vous mettez à répondre à nos appels. Nos forces réunies vous aideront à mieux comprendre la vérité, à mieux agir selon la justice. Elles nous aideront également à chercher toujours plus haut l'inspiration féconde. Nouveaux Moïses, en

descendant des sommets lumineux, nous
apportons à nos frères les rayons de feu
puisés à la source même du foyer de l'Infini.

QUATRIÈME ENTRETIEN

D. — Que deviennent les Incarnés après leur mort ?

R. — Chaque être, après sa mort, est emporté par les courants qu'il a réalisés, pendant sa vie terrestre, sur le plan de l'Espace où circulent les fluides correspondant aux siens. Là son esprit se concentre dans les souvenirs de sa vie passée, s'attristant ou se réjouissant des regrets ou des espérances qu'ils font naître.

D. — Combien de temps reste-t-il ainsi ?

R. — Aussi longtemps que dure la force produite par ces souvenirs, force dont s'alimente son esprit.

D. — Qu'arrive-t-il ensuite ?

R. — Cette force s'étant épuisée, le fluide éthéré, devenu libre de son action, désagrège les parcelles de cette âme, dirigeant les plus pures vers leur *groupement supérieur* et gardant les autres en réserve pour une future incarnation.

D. — Qu'est-ce que le *groupement supérieur* ?

R. — C'est la réunion des parcelles d'une même *Dualité* qui, s'étant divisée pour animer et transformer la matière, se reconstitue afin de retourner *Unité* vers le foyer divin qui l'attire.

D. — Où se trouvent ces groupements supérieurs ?

R. — Sur les plans élevés de l'Espace d'où ils surveillent et dirigent les groupements secondaires de parcelles qui doivent leur revenir.

D. — Pourquoi les surveillent-ils ?

R. — Pour guider leur marche et les aider dans leur tâche.

D. — Est-ce directement qu'ils exercent sur eux leur action ?

R. — Non, car les fluides lourds de ces petits groupements ne sauraient s'unir à leurs fluides épurés.

D. — Qui donc l'exerce pour eux ?

R. — Ce sont les groupements secondaires des plans inférieurs qui reçoivent leurs lumières et les transmettent.

D. — Pourrons-nous un jour communiquer directement avec notre groupement supérieur ?

R. — Vous le pourrez lorsque, par la pureté de votre vie et l'élévation habituelle de vos pensées, vous émettrez des fluides assez purs pour former avec les siens un courant fluidique permanent.

D. — Qu'en résultera-t-il pour nous ?

R. — Que vous aurez sur la terre un avant-goût des joies et des surprises de l'Infini.

D. — Nous ne sommes donc pas isolés et livrés à nous-mêmes sur le plan terrestre ?

R. — Bien au contraire ! D'innombrables liens vous rattachent aux différents plans de l'Espace où circule la vie qui vous anime, où gravitent des frères qui vous aiment.

D. — Quelles sont les lois qui dirigent les mouvements et règlent l'évolution des divers éléments de l'Espace !

R. — Il n'y a qu'une seule loi agissant sous deux formes différentes qui peuvent se définir ainsi : *attraction* pour les corps, *solidarité* pour les âmes.

Un jour, amis, les parcelles de vos âmes viendront rejoindre les nôtres et compléter nos groupements. Nous pourrons alors quitter les régions ténébreuses de l'Espace pour nous élancer, heureux et transformés, dans les plaines lumineuses qui avoisinent l'Infini. Là, tout en continuant à guider nos frères incarnés, nous nous emploierons à de nouvelles tâches que nous accomplirons au sein de la gloire, de la paix et du bonheur !

CINQUIÈME ENTRETIEN

D. — Qu'est-ce que l'âme ?

R. — C'est la réunion des parcelles ou fluides composant le foyer qui anime votre corps.

D. — D'où viennent ces parcelles ?

R. — Du foyer de l'Infini d'où elles sont parties et où elles aspirent à retourner.

D. — Qu'attendent-elles pour cela ?

R. — Elles attendent d'avoir reconstitué leur *Dualité* afin de se transformer en *Unité* dont les flammes pures peuvent, seules, avoir accès dans l'Infini.

D. — Quelle tâche ont à faire ces âmes ou foyers sur les mondes matériels ?

R. — Elles ont pour tâche d'animer la matière, de la transformer et de la fluidiser.

D. — Comment l'animent-elles ?

R. — Par l'attraction que dégagent leurs parcelles ; attraction qui attire, échange et renouvelle sans cesse les molécules qui composent vos corps ou les entourent.

D. — Comment la transforment-elles ?

R. — Par le travail du corps et par l'alimentation.

D. — Comment se fluidise la matière ?

R. — Par le jeu du mental qui change la substance fine du cerveau en fluides plus ou moins lourds et opaques.

D. — D'où vient la matière ?

R. — Elle est le résidu des fluides impurs que l'être rejette à chacune de ses transformations.

D. — Que devient ce résidu ?

R. — Il tombe dans la masse commune en attendant le moment d'en être retiré par des attractions correspondantes.

D. — Quand finira le travail que nous avons à accomplir sur la matière ?

R. — Il ne finira que lorsque nos efforts réunis auront amené la Terre à l'apogée de son progrès physique, intellectuel et moral

D. — Pouvons-nous accélérer ce progrès ?

R. — Vous le pouvez en faisant grandir

en vous la vie spirituelle qui vous tient en
réserve des forces toujours nouvelles et
toujours suffisantes.

D. — Comment peut-on faire grandir la
vie spirituelle ?

R. — En développant la conscience.

D. — Qu'est-ce qui constitue la conscience ?

R. — Ce sont les sommets purs de vos
fluides ou parcelles, qui puisent au contact
du fluide éthéré le sentiment plus ou moins
vif de leur responsabilité et de leurs devoirs.

Nous ne pouvons, amis, vous décrire les
merveilleuses transformations que doit subir
la planète, ne trouvant pas dans votre mental
les éléments nécessaires pour vous en donner
d'abord l'intuition.

Le fluide de l'infini, répondant aux aspirations élevées des générations futures,
répandra sur elles une surabondance de vie,
une profusion de force, une plénitude de
pouvoirs qui leur permettra de réaliser des
prodiges.

Les œuvres du génie d'aujourd'hui seront
les jeux d'enfants de demain.

En attendant ces temps heureux il vous
aidera dans votre tâche actuelle : tâche con-

sistant à tracer la voie aux réformes et aux progrès qui prépareront les glorieuses victoires de l'avenir.

Peu à peu et grâce à lui, vous détruirez les ténèbres matérielles en apprenant à dompter les éléments.

Vous dissiperez les ténèbres morales en remplaçant l'ignorance par le savoir.

Enfin, vous triompherez du mal en réduisant les passions qui l'engendrent.

Notre concours vous est acquis pour obtenir ces résultats qui doivent être le but de nos communs efforts.

SIXIÈME ENTRETIEN

D. — Que devons-nous faire pour contribuer à l'amélioration et au progrès de l'humanité ?

R. — Il faut répandre autour de vous les
vérités lumineuses que vous apporte la révélation spirite; vérités qui sont le principe
et le fondement de toute société viable : la
réincarnation et la *solidarité*.

D. — Comment le principe de la réincarnation sert-il de base à la société ?

R. — En ce qu'il empêche la tyrannie et
le despotisme de se produire quand l'oppresseur d'aujourd'hui sait qu'il sera l'op-
primé de demain.

D. — Comment la solidarité intervient-
elle ?

R. — En détruisant l'égoïsme et l'orgueil,

ces deux vers rongeurs des civilisations dis-
parues.

D. — Comment l'égoïsme et l'orgueil ont-
ils conduit les civilisations primitives à leur
ruine?

R. — En créant autour des jouisseurs
orgueilleux et égoïstes des courants de ven-
geance et de haine; courants qui, s'amon-
celant dans l'Espace, produisent la force
aveugle cause des guerres, des invasions et
de tous les fléaux de la terre.

D. — De quoi est formée cette force aveugle ?

R. — Elle est formée des fluides non pondérés de l'Astral.

D. — Qu'est-ce qui produit ces fluides non
pondérés?

R. — Les passions mauvaises et les pensées correspondantes.

D. — Sommes-nous encore menacés par
ces forces aveugles ?

R. — Vous le serez tant que la Justice et
l'Équité ne seront pas devenues la règle de
vos rapports particuliers et sociaux.

N'oublions pas, amis, que c'est notre union
avec le fluide éthéré qui, seule, peut nous
fournir les moyens d'améliorer les condi-

tions personnelles et l'état social de l'humanité.

La route que nous suivons a été parcourue de tous temps par des mondes comme la terre, sur lesquels ont aimé, souffert et travaillé des humanités semblables à la nôtre.

Le fluide éthéré a enregistré d'une façon si fidèle leurs agissements que nous pouvons, en le consultant, retrouver la trace de leurs sourires et de leurs larmes ; entendre encore leurs cris de douleur ou de joie.

En suivant les leçons et les exemples donnés par ces frères aînés, nous apprendrons à orienter notre frêle esquif vers le port heureux où ils ont atterri.

Nous suivrons pas à pas la marche de leurs progrès ; nous compterons les étapes de leur évolution et nous pénétrerons les secrets de leur état actuel de grandeur et de prospérité.

Cette étude nous permettra de répandre la lumière dans les esprits avides de la recevoir ; de distribuer le pain de vie aux âmes affamées de vérité ; d'apaiser les cris de la misère et de la souffrance qui montent sans cesse dans l'Espace, faisant naître en nos cœurs, avec le sentiment d'une douce pitié, le désir toujours plus ardent de détruire la cause qui les produit.

SEPTIÈME ENTRETIEN

D. — De quelle loi dérive le principe de la réincarnation ?

R. — De la loi de l'évolution qui, depuis l'atome jusqu'au pur esprit, soumet tout ce qui se meut dans l'Espace à de multiples transformations.

D. — Quel est le but de ces transformations ?

R. — D'affiner la matière et de purifier l'esprit.

D. — Comment ces transformations affinent-elles la matière ?

R. — En l'amenant, par des changements successifs, de l'état visible sur lequel agissent les incarnés à l'état invisible sur lequel opèrent les désincarnés.

D. — De quelle façon les désincarnés opèrent-ils sur la matière invisible ?

R. — En s'assimilant les fluides ou pensées épars dans l'Espace et dont s'alimente leur esprit.

D. — Pourquoi ces transformations sont-elles nécessaires au progrès des esprits ?

R. — Parce qu'en passant d'un plan à l'autre, ils se débarrassent des fluides lourds accumulés autour d'eux par le travail de leur mental.

D. — Que deviennent ces fluides lourds ?

R. — Ils servent à alimenter des esprits inférieurs ou groupements moindres de parcelles.

D. — Pourquoi tous les spiritualistes ne sont-ils pas d'accord sur ces points fondamentaux ?

R. — Parce que la Vérité, comme un prisme immense ne nous montre que les facettes pouvant être perçues par notre vue limitée. Plus nous grandirons en intelligence et en moralité, plus aussi l'ensemble que nous en embrasserons sera complet et lumineux.

Rappelons-nous, amis, que nous ne sommes que des écoliers commençant à étudier les principes élémentaires de la science divine.

Les professeurs qui nous l'enseignent en atténuent les étincelantes beautés et en restreignent les grandioses proportions afin de nous la rendre accessible.

Malgré cela, de nos frères incarnés l'immense majorité a l'âme trop faible encore pour pouvoir aspirer le souffle de vie qui anime ces pages.

Par contre, une foule d'esprits désincarnés s'assimilent, par l'échange fluidique, cette manne bénie tombée du ciel.

Revenus sur le plan terrestre, leur mental mieux outillé leur permettra de recevoir les empreintes de Vérités plus hautes, de refléter des lumières plus pures.

Et c'est ainsi que de vies en vies, d'incarnations en incarnations, le progrès se continue, l'évolution s'accomplit et l'être, grandissant toujours, se rapproche de l'Infini.

HUITIÈME ENTRETIEN

D. — Qu'est-ce qui donne naissance à la solidarité ?

R. — Lorsque sur un monde, la vie spirituelle est assez développée pour faire contrepoids à la vie matérielle, la solidarité apparaît, venant changer les lourdes chaînes de l'esclavage contre les chaînes plus douces de l'amour.

D. — Qu'est-ce que la solidarité ?

R. — C'est le sentiment devenu conscient des liens qui vous unissent.

D. — Que résulte-t-il de ce sentiment devenu conscient ?

R. — Il en résulte que les hommes, sachant qu'ils sont tous et à tour de rôle composés de mêmes éléments, qu'ils ont une origine et une fin communes et qu'ils ne peu-

vent, seuls, accomplir leur tâche, comprennent qu'ils ont intérêt à se soutenir, à s'entr'aider et à s'aimer.

D. — Pourquoi ne l'ont-ils pas compris
plus tôt?

R. — Parce que la vie matérielle qui les
absorbait ne laissait parvenir à leur mental
que le sentiment de leur personnalité étroite
et égoïste.

D. — Quel sera le résultat de cette connaissance ?

R. — Elle éveillera en vous des forces
qui sommeillent; forces dont le développement donnera naissance au magnétisme spirituel, véritable trait d'union entre le ciel et
la terre.

Le magnétisme, amis, est l'appareil télé-
graphique qui permet la communication
entre le visible et l'invisible.

L'établir en soi et en assurer le bon fonctionnement est le devoir de tout incarné
soucieux de son avancement et de son progrès moral.

De même qu'un arbre nouvellement planté
ne peut vous donner de suite et sans soins
de votre part les fleurs et les fruits que vous
en espérez; de même le magnétisme spiri-

tuel ne produira de bons résultats qu'après des efforts courageux et persévérants.

Fils du fluide éthéré, c'est lui qui ouvrira les portes de fer que la matière tient scellées sur vos têtes et vous permettra l'accès du royaume de son père.

Pour hâter l'heure bénie de la délivrance, faites croître en vous les forces qui sont les éléments capables d'actionner ce nouvel appareil.

Veillez surtout à ce que leur équilibre ne soit jamais rompu. Que la prière et les élans de vos âmes soient toujours accompagnés du sacrifice de vous-mêmes et du dévouement à vos semblables.

Répandez autour de vous les lumières que vous recevez; révélez à tous le secret de la force qui vous anime; après chaque envolée de vos esprits, revenez à vos frères le cœur plus largement ouvert, la main plus généreusement tendue.

NEUVIÈME ENTRETIEN

D. — Qu'est-ce qui constitue le magnétisme spirituel?

R. — Ce sont les courants fluidiques par lesquels s'échangent entre les êtres les pensées et les sentiments.

D. — De quoi sont formés ces courants?

R. — Ils sont formés de la force émanée par ces pensées et ces sentiments mêmes.

D. — Ces courants sont-ils tous de même nature?

R. — Assurément non! Les pensées et les sentiments mauvais dégagent une force pernicieuse qui sert à alimenter la source de la souffrance et du mal. Les pensées et les sentiments produits par les seules préoccupations de la vie matérielle dégagent une force sans chaleur et sans rayonnement. La prière et les pensées élevées produisent un fluide rayonnant qui attire à lui le fluide éthéré pour en recevoir les lumineuses empreintes et en refléter les pures images.

D — D'où proviennent les forces émanées par les pensées et les sentiments?

R. — De leur contact avec le fluide astral; contact qui produit un choc d'où jaillit l'étincelle fluidique.

D. — Que devient cette étincelle?

R. — Elle se mélange aux fluides de même nature et, selon le jeu de son affinité, devient force active ou force passive servant à créer de nouveaux courants.

D. — Quelle influence ces courants exercent-ils les uns sur les autres?

R. — De même que les rayons du soleil dissipent les ténèbres et absorbent le brouillard humide, de même les courants mauvais, produits par l'ignorance et la haine, sont absorbés et détruits par les rayons lumineux et chauds du *savoir* et de *l'amour.*

D. — Pourrons-nous un jour voir et comprendre cet échange fluidique.

R. — Vous le pourrez lorsque, poursuivant votre étude du monde invisible, vous vous serez rendu compte que tout ce qui le

constitue n'est que le résultat des changements ou des combinaisons des corps ; et
que la matière invisible est soumise aux
mêmes lois et obéit aux mêmes forces que
la matière visible.

La science officielle, amis, est le réservoir commun où doivent aboutir les recherches et les expériences de tous. A elle
incombe le soin d'en analyser les résultats,
d'en déduire les principes, d'en promulguer
les lois.

L'étude des fluides n'est point sans péril
et sans danger. Les forces que vous attirez
de l'espace trouvent en vous des forces correspondantes qui les décuplent ou les neu-
tralisent selon l'effet produit par leur contact.

C'est pourquoi vous devez marcher sur ce
terrain nouveau avec une extrême prudence
et une sage lenteur.

Les phénomènes produits jusqu'ici par le
magnétisme ne sont que la préface du livre
qui s'ouvre devant vos regards étonnés.

Ce sont des hochets servant à amuser les
âmes nouvellement éveillées à la vie.

Le moment est venu d'appliquer vos esprits
à de plus hautes spéculations. La pensée

humaine se développant au contact de l'invisible et acquérant une ampleur inconnue ; les sentiments du cœur s'exaltant sous la pression divine et produisant leur maximum de bonté, de dévouement et d'amour, voilà ce qui doit désormais attirer votre attention, exciter vos désirs et devenir l'objet de votre étude, car là se trouve la source féconde de la régénération et du progrès de l'humanité.

DIXIÈME ENTRETIEN

D. — A quels dangers nous expose la pratique du magnétisme ?

R. — Elle vous expose à deux sortes de dangers : dangers extérieurs et dangers intérieurs.

D. — En quoi consistent les dangers extérieurs ?

R. — La pratique du magnétisme actionne, non seulement vos forces mentales personnelles, mais aussi les fluides inférieurs de l'astral qui vous entourent. Ce surcroît d'activité produit entre eux des chocs dont vous recevez le contre-coup et qui troublent votre atmosphère fluidique comme les perturbations atmosphériques troublent et entravent parfois les communications télégraphiques.

D. — Que faut-il donc faire pour obvier à ces inconvénients ?

Il faut réagir de tout votre pouvoir contre ces forces déprimantes et le découragement qu'elles font naître. Il faut surtout appeler à votre aide les Etres supérieurs de l'espace qui rétabliront votre mental dans le calme et la pondération.

D. — Quels sont les dangers intérieurs que nous avons à redouter ?

R. — Tant que la communication fluidique n'est pas établie d'une façon régulière et permanente entre votre groupement supérieur et vous, vous êtes exposés à subir le contact des groupements inférieurs de l'espace qui, vivant au milieu de fluides lourds et opaques, ne peuvent que vous tromper en vous communiquant leurs idées fausses et erronées.

D. — Pourquoi ces êtres inférieurs ne nous donnent-ils pas des notions plus claires sur la vie de l'au-delà ?

R. — Parce que, se baignant dans les effluves terrestres, ils sont pénétrés et imprégnés uniquement des pensées et des sentiments de la terre.

D. — Qu'est-ce qui occasionne les peines et les épreuves qui nous accablent si souvent au début de la vie spirituelle ?

R. — Ce sont des coups d'éperon donnés par vos frères aînés pour tirer vos âmes de leur état de torpeur et d'apathie, et les obliger à détourner leur attention de la terre, qui les absorbe, pour la reporter sur le monde invisible, qui les attire.

D. — Ces épreuves ne sont donc pas la conséquence de fautes antérieures.

R. — Cette conséquence n'y concourt que pour une faible part, car l'âme ne s'éveille à la vie spirituelle que lorsque son passé est assez purifié pour ne pas entraver la route qu'elle doit parcourir.

D. — Où aboutit cette route ?

R. — Elle aboutit aux champs lumineux de l'Infini, où doit nous conduire le rayonnement de plus en plus grand de nos âmes, ou foyers.

D. — Jusqu'à quand dure ce temps d'épreuves ?

R. — Il dure jusqu'au moment où, entrés résolument dans la voie du sacrifice et de l'abnégation, vous avez appris à vous oublier vous-mêmes pour vous dévouer entièrement à vos frères.

Le courant humanitaire dans lequel nous

avons mission de vous entraîner, amis, ne
comporte ni égoïsme ni sentiment personnel
d'aucune sorte. Baigné dans le fluide éthéré,
l'Être parvenu à ce niveau sent disparaître
peu à peu les petitesses de son moi infime
et grandir les sublimes réalités de sa nature
supérieure et divine.

De même que le soleil répand sur tous et
d'une façon égale sa chaleur et sa lumière,
il déverse autour de lui, sans privilège et
sans restriction, le chaud rayonnement de
son âme régénérée.

Pardonner à ses ennemis, rendre le bien
pour le mal, supporter sans en être troublé
les insinuations malveillantes ou les ironi-
ques sourires des êtres incapables de comprendre la vérité, lui deviennent choses
naturelles et faciles.

C'est alors qu'il sent naître en lui des forces, des lumières, des pouvoirs inconnus.

Plus il aide ses frères à porter leurs far-
deaux, plus le sien se trouve allégé. Le
bien qu'il fait autour de lui lui est rendu
au centuple ; chaque jour il peut vérifier
cette parole de l'Écriture : « Il a commandé
à ses anges d'avoir soin de vous et ils éten-
dront leurs mains sous vos pieds, de peur

que vous ne vous heurtiez à quelque pierre».

Courage donc, amis, courage ! Si le travail de vos corps vous procure les biens
passagers de la vie temporelle, les efforts
de vos âmes vous assureront les biens,
autrement désirables, de la vie spirituelle et
de l'immortalité.

ONZIÈME ENTRETIEN

D. — De quelle façon s'accomplira la rénovation de la planète ?

R. — Comme tous les enfantements de la terre, elle se fera dans la douleur, dans le sang et dans les larmes.

D. — Pourquoi cela ?

R. — Parce que les forces spirituelles ne prennent naissance sur les mondes, aussi bien que chez les individus, qu'au milieu des luttes et des épreuves.

D. — Qu'est-ce qui occasionne ces luttes et ces épreuves ?

R. — Ce sont les forces du mal, dont l'activité redouble au contact des forces contraires, qui réunissent leurs efforts pour conserver leur empire et livrer leurs derniers combats.

D. — Que résulte-t-il de ces efforts ?

R. — Il en résulte des perturbations atmosphériques et des troubles moraux. Aux premières sont dus les inondations, les tremblements de terre, les maladies, etc. Les deuxièmes produisent les guerres, le pillage, les incendies et tous les désordres d'une société qui s'écroule.

D. — Qu'est-ce qui peut nous préserver de ces fléaux ?

R. — Le magnétisme spirituel qui, par son développement, vous donnera les moyens d'échapper aux troubles de l'ambiance et à la fureur du mal en délire.

D. — Comment cela ?

R. — En créant autour de ceux qui le pratiqueront une atmosphère fluidique, contre laquelle s'émousseront les chocs produits par les fluides lourds, comme les balles viennent s'aplatir sur une cuirasse forte et résistante.

D. — Cette atmosphère suffira-t-elle à nous garantir de tout danger ?

R. — La pratique du magnétisme spirituel développera en vous des pouvoirs tels que vous pourrez, à volonté, échapper à la vue et au pouvoir de vos ennemis.

D. — Comment finiront ces épreuves ?

R. — Elles prendront fin par le triomphe définitif de l'*intelligence* et de l'*amour*, qui feront rentrer dans les régions sombres de l'espace les forces opposées au *bien*, au *beau*, au *vrai*; forces qui ont jusqu'ici entravé la marche de la terre et le progrès de son humanité.

Que vos cœurs ne tremblent pas, amis, à l'annonce des fléaux qui vous menacent.

Aidés par vos frères invisibles, vos forces décuplées seront assez puissantes pour vous préserver de tout danger.

Malheureusement, le plus grand nombre des incarnés actuels sont incapables d'entendre notre cri d'alarme et de préparer leurs moyens de défense. C'est d'eux qu'il est écrit :

« Ils ont des yeux et ne voient point, des oreilles et n'entendent point, un esprit et ne comprennent pas ».

Mais vous tous dont les sens internes commencent à s'éveiller, vous tous qui entendez au fond de vos cœurs le murmure des voix de l'espace, hâtez-vous de répondre à nos appels et de suivre nos conseils.

Travaillez avec courage et persévérance à

établir, par des courants fluidiques, des communications entre vos groupements supérieurs et vous.

Appelez sans cesse à votre aide les frères aînés qui habitent les plans de la lumière et de l'amour. Alors, tendrement appuyés sur eux, votre main dans leurs mains puissantes, vous traverserez sans crainte et sans péril les temps orageux qui s'approchent.

DOUZIÈME ENTRETIEN

D. — Voulez-vous nous expliquer plus en détail les malheurs qui nous menacent?

R. — Ces malheurs embrasseront un espace de temps assez long qui présentera d'abord les signes précurseurs des orages, puis le déchaînement de ces orages, tant dans l'ordre physique que dans l'ordre moral.

D. — Quels seront ces malheurs dans l'ordre physique ?

R. — Dérangements dans la succession des saisons, ce qui nuira aux produits de la terre; pluies diluviennes amenant de fréquentes inondations; tremblements de terre donnant à la planète des secousses désastreuses ; morts subites plus fréquentes ; maladies infectieuses frappant surtout la jeunesse. Enfin, troubles généraux résultant

des coups aveugles de la force non pondérée de l'astral.

D. — Quels seront ces malheurs dans
l'ordre moral ?

R. — Décadence de plus en plus marquée
des races civilisées produisant un désordre
social toujours plus grand ; plusieurs têtes
couronnées tomberont sous les coups de fa-
natiques assassins ; le trône et l'autel s'é-
crouleront sur leur base fragile ; la richesse
bien ou mal acquise sera livrée au pillage ;
les habitations des riches, pour la plupart
détruites par l'incendie, seront ' andonnées
par leurs habitants ; les peuples égarés, se
jetant les uns sur les autres, ajouteront le
fléau de la guerre à tous les autres fléaux,
les combats meurtriers, les violences, les
crimes odieux précipiteront sans relâche d'un
plan à l'autre les êtres affolés. Enfin les races,
courbées jusqu'ici sous un joug oppresseur,
retrouveront des forces suffisantes pour
reconquérir, au prix de leur sang, leur liberté
et leur indépendance.

Amis, ces tableaux affligeants que nous
voyons se dérouler sous nos yeux dans les

mirages du fluide éthéré ne doivent point, nous le répétons, jeter la terreur et l'effroi parmi vous. S'il nous est permis de vous les faire entrevoir, c'est que, à côté du mal nous pouvons vous indiquer le remède.

Appliquez vous donc à faire connaître à tous les bienfaits du magnétisme spirituel.

Préparez-vous vous-mêmes, en faisant grandir vos forces intérieures, à servir de trait d'union entre les incarnés, incapables d'agir par eux-mêmes, et leurs groupements supérieurs respectifs.

Les malheurs que nous vous annonçons s'espaceront sur une longue période de temps. Aux années orageuses succèderont des années de calme et de tranquillité qui permettront de guérir les plaies et de réparer les désastres.

C'est alors que l'amélioration de la terre deviendra de jour en jour plus sensible.

De nouvelles et meilleures applications de l'électricité rendront moins dures les conditions de la vie matérielle. Des forces de la nature, non soupçonnées jusqu'ici, seront mises en valeur pour le bien-être et la satisfaction de tous.

Le progrès des sciences, de l'art, de l'industrie donnera à la planète une vitalité plus active et plus féconde.

Enfin, couronnant le tout, la solidarité, tenant d'une main la main du riche, de l'autre celle du malheureux, les rapprochera pour toujours dans une étreinte chaleureuse et fraternelle.

CONCLUSION

Amis, nous allons clore cette première série d'entretiens par quelques conseils ajoutés à ceux donnés précédemment.

La science du magnétisme, encore chez vous à l'état de tâtonnements et d'essais, ne prendra son développement normal que lorsque ceux qui s'y livrent auront réalisé les conditions qu'elle réclame.

De votre étude désintéressée, de votre pureté de vie et de pensées dépendent votre progrès et la réussite de vos efforts.

Nous vous répétons encore que ces pratiques sont dangereuses pour les débutants, et que vous ne sauriez y apporter trop de prudence et de circonspection.

Ceux parmi vous, dans l'âme desquels dominent les parcelles de *volonté*, sont portés à courir d'une école spiritualiste à l'autre pour trouver un aliment à leur avide curiosité. Ils ne rapportent le plus souvent de leurs recherches que déception, lassitude et découragement.

Ceux chez qui dominent les parcelles d'*idéal* se jettent avec passion dans le commerce de l'invisible, acceptant aveuglément tout ce qui vient de l'au-delà, d'où résultent malheureusement parfois de funestes suggestions.

Les uns, absorbés par des spéculations métaphysiques trop abstraites, ou entraînés à un genre de vie incompatible avec les réactifs de l'ambiance, s'exposent à compromettre leur santé et leur équilibre mental.

Les autres voient des formes qui les attirent, entendent des voix qui les appellent, reçoivent des avertissements qui les troublent.

A tous nous disons : faites sans cesse appel à votre jugement et ne vous écartez jamais du droit chemin tracé par la raison et le bon sens.

Dans les moments difficiles, recourez aux lumières de vos frères plus avancés, mais

ne vous appuyez pas complètement sur eux;
car tout appui humain et insuffisant est
fragile, et chacun doit acquérir à ses dé-
pens une expérience souvent chèrement
achetée.

Avec l'aide de votre groupement supérieur,
vous trouverez toujours en vous-même les
clartés et les forces dont vous avez besoin
pour vous éclairer et vous soutenir sur cette
route nouvelle, où vous devez apprendre à
marcher seuls et librement comme l'enfant,
devenu fort, abandonne ses lisières et la
main qui a guidé et protégé ses premiers pas.

Vous devez comprendre que ce n'est pas
au milieu des fêtes et de l'agitation mon-
daine que grandissent les forces spirituelles.
C'est dans le calme d'une existence retirée,
dans les habitudes d'une vie simple et mo-
deste, que s'épanouit la fleur divine de la
spiritualité et que mûrissent ses plus beaux
fruits.

Laissez donc de côté les hochets dont s'a-
musent les âmes-enfants des jeunes humanités, et que les vôtres entrent courageusement
dans l'âge viril, pour en accomplir les grands
et sérieux devoirs.

Lancez hardiment votre barque sur les

flots de la vie, que vont agiter les orages et les passions déchaînés.

Au gouvernail se tient le pilote invisible chargé de sa direction.

Mettez-vous sans crainte sous sa garde vigilante.

Appelez-le souvent pour que son attention ne faiblisse pas et, conduits par lui, vous arriverez heureusement au port où vous trouverez le repos, la joie et la sécurité.

DEUXIÈME SÉRIE

PREMIER ENTRETIEN

D. — Qui donc, dans les temps futurs, remplacera sur la terre les rois et les prêtres ?

R. — Ce sont les magnétiseurs, seuls véritables conducteurs des peuples régénérés.

D. — Pourquoi les magnétiseurs seront-ils nos conducteurs ?

R. — Parce que, possédant les forces et les pouvoirs de l'âme, ils seront les rois et les maîtres de la Création.

D. — Si les magnétiseurs deviennent nos rois et nos maîtres, nous passerons donc d'un despotisme à l'autre ?

R. — Non, car ayant détruit en eux tout germe d'égoïsme et d'orgueil, ils n'emploieront leurs pouvoirs qu'au bien particulier de chacun et au profit de tous.

D. — Que feront-ils pour le bien de chacun?

R. — Ils mettront chaque Incarné en relation avec son groupement supérieur en lui transmettant ses conseils et ses sages avis.

D. — Comment s'emploieront-ils au bien général?

R. — En travaillant à éveiller les âmes à la vie spirituelle et en les aidant à acquérir les lumières et les pouvoirs qu'ils possèdent eux-mêmes.

D. — Que résultera-t-il de ces pouvoirs acquis par la presque totalité des Incarnés?

R. — Il en résultera, pour les hommes, la possibilité de changer les conditions de la vie matérielle et de renouveler la face de la terre.

Amis, l'heure est venue de déchirer les voiles et d'expliquer les énigmes. Aidés par l'Invisible, vous pouvez ouvrir le livre de vie pour apprendre à connaître les grandeurs et les mystères de nos destinées futures.

C'est le fluide éthéré qui vous fournira le fil conducteur, capable de vous diriger dans vos recherches, et c'est le magnétisme spirituel qui le placera dans vos mains.

Les lumières que vous avez reçues jusqu'à ce jour sont, à celles que vous recevrez dans l'avenir, ce qu'est l'éclairage imparfait de vos nuits sombres, comparé à la splendeur du plein jour.

Du reste, par les aperçus que nous vous donnerons dans ces pages, aperçus si fort au-dessus de toute compétence humaine, vous verrez jusqu'où peuvent s'élever, sous une inspiration divine, la compréhension de l'esprit et le vol de la pensée.

DEUXIÈME ENTRETIEN

D. — Quelle est la première chose que nous ayons à faire pour acquérir les forces et les pouvoirs de l'âme?

R. — C'est de travailler à développer et exercer la *volonté* qui est le moteur souverain, pouvant mettre en activité les forces du monde visible et celles du monde invisible.

D. — Pourquoi la *volonté* est-elle ce moteur?

R. — Parce qu'elle est la fibre sensible, à laquelle correspondent toutes les fibres composant le faisceau intérieur et le réseau extérieur des fluides qui sont en vous et autour de vous.

D. — A quoi devons-nous d'abord exercer notre volonté?

R. — Vous devez l'exercer à soumettre

votre nature inférieure et à la rendre pour
toujours votre esclave souple et docile.

D. — Quel résultat obtiendrons-nous par
ce travail ?

R. — Celui de délivrer votre esprit des
chaînes formées par vos passions; chaînes
qui le tiennent lié, soit à la terre, soit au
plan inférieur de l'Astral.

D. — Que fera notre esprit délivré de ces
chaînes ?

R. — Il s'élèvera jusqu'aux plans lumineux de l'Espace pour s'unir à sa nature
divine, c'est-à-dire à son groupement supérieur.

D. — Qu'adviendra-t-il lorsque la plupart
des esprits incarnés auront atteint ce niveau ?

R. — Réunissant leurs forces et concen-
trant leurs efforts, ils délivreront la terre
des liens qui l'enchaînent aux régions sombres de l'Espace et s'élanceront avec elle
dans les plaines radieuses qui confinent à
l'Infini.

Amis, ce n'est pas en imposant votre volonté à vos semblables, que vous lui donnerez
la souplesse et l'énergie nécessaires. C'est en

l'appliquant à résister aux attractions inférieures, c'est-à-dire à vos passions et aux
instincts de la matière.

N'accordez plus à votre corps, à ses besoins, à ses exigences, qu'une attention dis-
traite et indifférente.

Veillez sur vous avec un tel soin que pas
une parole, pas un geste ne vous échappe
sans que intérieurement, vous en ayez reconnu l'opportunité.

Alors, vos rapports avec vos semblables
au lieu d'être ce qu'ils ont été jusqu'à ce
jour : une source de discorde et de malen-
tendus, deviendront ce qu'ils doivent être
en réalité : un échange d'affectueuses paroles
et de bons procédés.

TROISIÈME ENTRETIEN

D. — Que devons-nous faire encore pour développer les forces de l'âme ?

R. — Vous devez élever le niveau habituel de vos pensées afin de changer la direction des fluides qui vous entourent.

D. — Expliquez-nous cela?

R. — En éparpillant vos pensées sur les sujets terre à terre de la vie matérielle, vous créez des courants fluidiques dont la position verticale empêche tout rayonnement, de même qu'un flambeau tenu obliquement, ne peut donner sa lumière. En élevant le cours habituel de vos pensées vers les aspects supérieurs de la Vérité, vous donnez à tous les fluides convergents une position droite qui augmente l'intensité de leurs flammes et la chaleur de leurs rayons.

D. — Que résulte-t-il de ce changement dans la position des fluides?

R. — Il en résulte que le foyer de votre âme se trouve considérablement agrandi et ses forces décuplées?

D. — Qu'en advient-il ensuite?

R. — L'âme, par cette intensité de lumière et de chaleur, se débarrasse peu à peu des scories impures qui la liaient à son corps; celui-ci, au lieu d'être la tunique de Nessus, attachée à ses flancs, devient le vêtement ample et flottant qu'elle peut quitter et reprendre à volonté.

La *fixation de la pensée* sur les devoirs de la vie intérieure et l'*assujettissement de la volonté* aux instincts élevés de l'âme, voilà, amis, les deux conditions essentielles pour en acquérir les forces et les pouvoirs.

Travaillez donc à réaliser ces conditions sans vous laisser rebuter par les efforts qu'elles demandent et la longueur de temps qu'elles réclament.

Peu à peu, vous verrez la lumière pénétrer dans vos esprits, vos sens internes se vivifier et vous donner la perception de l'Invisible.

Un jour, enfin, votre âme quittant, sans que mort s'en suive, sa prison de chair et se réfugiant dans nos bras, pourra contempler joyeuse et émue, les beautés de l'Espace et les réalités de la vie d'outre-tombe.

QUATRIÈME ENTRETIEN

D. — Voulez-vous nous expliquer ce que c'est que les sens internes ?

R. — Chacun de vos sens a son correspondant intérieur ; l'un et l'autre font partie d'un même appareil dont une extrémité débouche sur le plan visible et l'autre sur le plan invisible.

D. — Pourquoi, jusqu'à ce jour, n'avons-nous pas eu connaissance de ces sens et n'avons-nous pas pu nous en servir ?

R. — Parce que vos âmes, nouvellement éveillées à la vie spirituelle, doivent apprendre à se servir de leurs sens internes comme l'enfant nouveau-né doit apprendre à se servir de ses sens externes.

D. — Que devons-nous faire pour apprendre à nous servir de nos sens internes ?

R. — Il faut faire grandir en vous la vie

spirituelle en lui appliquant l'attention, les soins, les énergies consacrés jusqu'ici à la seule vie matérielle.

D. — Que résultera-t-il de cela ?

R. — Il en résultera que vos sens internes se vivifiant, leur fonctionnement normal s'établira et vous permettra de constater, de jour en jour, un plus grand développement de la pensée, une plus grande pénétration du sentiment.

Plus vous avancerez dans l'étude de la Vérité, amis, plus vous reconnaîtrez combien ses aspects sont simples et lumineux, et plus vous serez étonnés de n'avoir pas pu saisir vous-mêmes les aperçus que nous vous en donnons.

Le fonctionnement régulier de vos sens internes développera considérablement votre puissance de compréhension.

Vous vous rendrez compte, alors, que nos âmes ou foyers sont des parties détachées momentanément de leur Unité et que, réunies à cette *Unité*, leurs facultés agrandies leur permettront d'embrasser l'Univers entier du double rayonnement de leur *Intelligence* et de leur *Amour*.

CINQUIÈME ENTRETIEN

D. — Qu'est-ce donc que cette lumière divine qui doit pénétrer nos esprits ?

R. — C'est le fluide éthéré dans lequel se baignent les mondes de l'Espace, mais que s'assimilent, seuls, les Etres qui gravitent sur les plans supérieurs.

D. — Pourquoi les êtres supérieurs peuvent-ils, seuls, s'assimiler le fluide éthéré ?

R. — Parce que le mental obstrué des êtres inférieurs ne saurait attirer ce fluide pur et rayonnant.

D. — Que faut-il faire pour pouvoir l'attirer ?

R. — Il faut transporter le niveau de vos pensées sur les plans supérieurs par l'aspiration incessante de vos âmes vers le *beau*, le *bien*, le *vrai*, et par les efforts réalisés en vue de votre amélioration.

D. — Quel résultat aura pour nous l'illumination de nos esprits par le fluide éthéré ?

R. — Celui de jouir d'un pouvoir de rayonnement qui vous permettra de pénétrer et de transformer à volonté les états de la matière, de connaître les évènements du passé et de prévoir les événements de l'avenir.

Amis, le fluide éthéré vient de l'Infini, et ce sont les vibrations de l'éther qui le propagent à travers tous les degrés de l'Espace. C'est sous les feux de sa lumière intense que nos parcelles se sont, à l'origine, séparées de leur Unité, et c'est à l'aide de ses reflets puissants que nous travaillons à la reconstitution de nos foyers respectifs.

Appelons sans cesse en nous son rayonnement lumineux, nécessaire à nos âmes pour atteindre à la perfection, comme les rayons du soleil sont nécessaires aux fruits de la terre pour arriver à la maturité.

N'oublions pas que ce fluide parfait est le souffle de l'*Intelligence suprême* et de l'*Universel amour*, et qu'en l'aspirant, nous ferons grandir en nous les forces divines qui doivent opérer la régénération de la terre et activer le progrès de son humanité.

4.

SIXIÈME ENTRETIEN

D. — Quel est le premier pouvoir de l'âme
que nous puissions acquérir ?

R. — Celui de la vision intérieure ou vue
de l'Invisible.

D. — Que faut-il faire pour acquérir ce
pouvoir ?

R. — Il faut chaque matin, alors que le
corps et l'âme sont calmes et reposés, vous
ménager quelques instants de solitude et,
dans le recueillement de la pensée, les yeux
fermés, attendre que s'éclairent les ténèbres
qui vous entourent.

D. — Que verrons-nous dans ces ténèbres ?

R. — Vous les verrez traversées de temps
à autre par des nuages, sombres d'abord,
mais qui deviendront de plus en plus clairs
et brillants.

D. — Et ensuite ?

R. — A ces nuages succèderont des lueurs qui vous présenteront la forme des choses ou des Etres de l'Astral.

D. — Cette vue de l'Astral n'offre-t-elle aucun danger ?

R. — Elle est dangereuse pour celui qui se livre à ces expériences sans être suffisamment éclairé et guidé. Les fantômes, parfois terrifiants qui se présentent à lui, peuvent l'effrayer, et cet effroi seul suffit à donner prise sur son mental à ces formes des couches inférieures de l'Astral.

D. — Que faut-il faire pour échapper à ce danger ?

R. — Il faut avoir appris à l'avance à quelles visions vous êtes exposés et appeler à vous les lumières de votre groupement supérieur. Ces lumières donneront à votre lucidité personnelle le pouvoir de pénétrer de part en part ces formes illusoires et de les dissoudre, avec la même facilité que l'enfant dissout la bulle de savon dont il s'amuse.

D. — Qu'est-ce qui compose les formes que nous voyons dans l'Invisible ?

R. — Elles sont composées ou par les

Etres de l'Astral qui passent dans le champ de votre vision, ou par les pensées de votre propre mental qui vous présentent les formes des Etres ou des choses rappelées à son souvenir.

Le développement de la vue intérieure, amis, vous permet de faire le premier pas dans le domaine de l'Invisible.

Les objets qu'elle vous découvre vous donnent une preuve tangible de la réalité de la vie d'outre-tombe. Ces preuves ne seront complètes que lorsque vos âmes, quittant à volonté les corps qu'elles occupent, viendront sur les plans élevés de l'Espace étudier la circulation des fluides et la vie des Etres qui gravitent sur les degrés inférieurs.

En attendant cette heure encore éloignée, appliquez-vous à cultiver la clairvoyance qui vous permettra de voir, de discerner et de choisir les fluides qui vous entourent.

Elle vous permettra également de pénétrer le mental de vos semblables pour y exercer une heureuse influence. Vous pourrez les aider à triompher des passions qui les entraînent, des tentations qui les sollicitent et, en éloignant d'eux les fluides lourds de l'ambiance, vous leur éviterez les alternatives d'exaltation et de découragement qui entravent la marche de leur progrès.

Vous apprendrez ainsi vous-mêmes, dès vos débuts dans la vie spirituelle, que les lumières que vous recevez, les forces que vous développez, les pouvoirs qui vous sont dévolus, tout, en un mot, doit être employé au service de vos frères, et non point à satisfaire votre curiosité ou vos intérêts personnels.

SEPTIÈME ENTRETIEN

D. — Quels sont les autres pouvoirs de l'âme que nous pouvons encore acquérir ?

R. — Vous pouvez acquérir l'intuition qui correspond aux sens de l'ouïe, de l'odorat et du goût.

D. — Qu'est-ce que l'intuition ?

R. — C'est le sentiment devenu conscient des Etres et des choses de l'Invisible et de l'action qu'ils exercent en vous.

D. — Cette intuition ne peut-elle pas nous tromper ?

R. — Il arrive trop souvent au contraire qu'elle vous induit en erreur, soit par la faute des Etres de l'astral, soit par la vôtre.

D. — Comment les Etres de l'astral nous trompent-ils?

R. — En vous faisant part de leurs idées et de leurs jugements faux et erronés.

D. — Pourquoi leurs idées sont-elles fausses et erronées ?

R. — Parce que leur mental reflète les lumières des plans inférieurs et non celles des plans supérieurs.

D. — Quand sommes-nous trompés par notre propre faute ?

R. — Quand vous acceptez aveuglément tout ce qui vient de l'au-delà sans le passer au crible de votre raison et de votre jugement.

D. — Que faut-il donc faire pour ne pas être trompés ?

R. — Il faut vous habituer à faire incessamment appel aux forces élevées de l'Espace; éviter avec soin de mettre les pouvoirs occultes au service de vos intérêts matériels, mais les employer uniquement en vue de votre progrès spirituel et de celui de vos frères.

D. — Que devons-nous faire pour développer en nous l'intuition ?

R. — Il faut vous efforcer de répondre aux appels de l'Invisible en cherchant à établir des communications avec les Etres de l'Espace: communications qui vous prépareront à recevoir directement un jour les messages de votre groupement supérieur.

D. — Quelle différence y a-t-il entre les communications des Etres de l'Espace et celles de notre groupement supérieur ?

R. — Les premières ont généralement trait à ce qui vous touche personnellement, les autres n'ont en vue que le bien général et le progrès de la collectivité.

D. — Si cependant nous avons besoin d'un conseil ou d'un secours personnel, ne pouvons-nous pas le demander ?

R. — Lorsque par suite de vos relations avec votre groupement supérieur, vous êtes entrés dans le courant humanitaire, les conseils, l'assistance, les appuis dont vous avez besoin, vous sont donnés dans une large mesure sans que vous ayez besoin de les réclamer.

Nous ne devons pas dissimuler, amis, que le développement de vos forces internes se fait au détriment de vos forces externes ; plus vous prenez position sur le plan invisible plus vous perdez pied sur le plan visible ou matériel.

Le fluide éthéré, en pénétrant votre mental, vient heureusement vous apporter un surcroît d'énergie vitale qui rétablit l'équilibre et permet le double fonctionnement de vos sens intérieurs et extérieurs.

Essayez donc sans crainte de faire usage des précieuses facultés que vous possédez à l'état latent. Devenez les infatigables pionniers de la révélation spirite ! Que vos esprits projetant autour d'eux les clartés des plans invisibles soient des phares lumineux qui éclairent et guident vers ces plans vos frères incarnés, plongés dans les ténèbres morales produites par l'ignorance et les passions.

HUITIÈME ENTRETIEN

D. — Quel est le sens interne qui correspond au sens externe du toucher ?

R. — C'est le magnétisme proprement dit, la plus précieuse et la plus importante de toutes nos facultés.

D. — Pourquoi cette faculté est-elle la plus importante ?

R. — Parce qu'elle vous permet de puiser à pleines mains dans le réservoir des forces invisibles pour les répandre autour de vous.

D. — Pouvons-nous faire, à notre gré, un bon ou un mauvais usage des forces invisibles ?

R. — Les forces de l'Espace sont des fluides dans lesquels s'ébauche l'intelligence. Leur initiative étant subordonnée à la volonté de celui qui les attire, il peut les employer soit pour le bien soit pour le mal.

D. — Ne courrons-nous aucun danger en employant ces forces pour le mal?

R. — Vous vous exposez à des chocs terribles lorsque ces forces se retournent contre vous, étant rappelées à l'ordre par une volonté plus puissante que la vôtre.

D. — Le magnétisme est-il une science nouvelle?

R. — Le magnétisme a été connu et pratiqué de tout temps par un petit nombre d'initiés, qui gardaient ses secrets avec un soin jaloux, que justifiait le peu de spiritualité développée jusqu'ici parmi les Incarnés.

Amis, de même qu'on ne laisse pas entre les mains d'un tout jeune enfant le couteau avec lequel il pourrait se blesser, tandis qu'on en permet l'usage à celui qui est assez intelligent pour savoir s'en servir sans danger, de même les secrets du magnétisme, soigneusement cachés jusqu'ici à sa jeune humanité terrienne, peuvent dorénavant vous être dévoilés.

Parvenus à l'âge viril, il est nécessaire que vous soyez mis en possession des moyens qui vous permettront de marcher d'un pas plus sûr et plus rapide dans la voie du progrès.

N'oubliez pas que vous êtes notre avant-garde et que, derrière vous, se tient l'innombrable armée des Etres invisibles chargés de vous fournir les armes dont vous avez besoin pour combattre l'ignorance, les préjugés, la routine et l'erreur.

Réclamez donc sans cesse l'assistance de vos frères de l'Espace, qui vous aideront à recevoir la lumière et à la répandre autour de vous.

NEUVIÈME ENTRETIEN

D. — Quel emploi pouvons-nous faire des forces que le magnétisme met à notre disposition ?

R. — Vous pouvez les employer, soit à aider vos frères à développer et à faire usage de leurs propres facultés, soit à soulager leurs souffrances.

D. — Comment faut-il agir pour aider nos frères à développer leurs facultés ?

R. — Il faut exercer sur eux des passes magnétiques ; ces passes agissent sur leur mental de trois manières différentes : par dispersion, par accumulation, ou par substitution.

D. — Expliquez-nous cela ?

R. — Les passes magnétiques, agissant sous une volonté dirigeante, peuvent chasser les fluides lourds qui obstruent le men-

tal du magnétisé. L'opérateur peut également faire converger vers un point central
les fluides favorables ou les remplacer par
les siens propres suivant le cas.

D. — Ces opérations ne sont-elles pas
dangereuses ?

R. — Elles peuvent être dangereuses si le
magnétiseur n'offre pas des garanties suffisantes de moralité et de savoir, et si les
expériences ne sont pas dégagées de tout
sentiment d'ambition ou d'intérêt personnel.

D. — Quel doit être le but des expériences
faites sur le mental ?

R. — Celui d'aider l'esprit à se dégager
des fluides lourds qui l'enchaînent à la terre
et à son corps, et de lui permettre de monter
sur les plans de l'astral.

D. — Quel résultat ont pour nous ces expériences ?

R. — Elles contribuent à éveiller les âmes
à la vie spirituelle en leur prouvant la continuation de la vie en dehors du corps physique.

Amis, les expériences faites jusqu'ici à
l'aide du magnétisme ne peuvent vous donner qu'une idée imparfaite des résultats

qu'il vous sera possible d'obtenir dans l'avenir. Lorsque, répondant à nos pressants appels, les Incarnés établiront avec l'Invisible des rapports journaliers, l'inspiration qui les guidera leur fera découvrir et appliquer les forces merveilleuses qui sont en eux et autour d'eux. En attendant, efforcez-vous de répandre les lumières que vous recevez ; que tout en vous, regards, paroles, actions, soit imprégné de magnétisme spirituel, afin que ceux qui vous entourent en reçoivent le continuel reflet. Allez vers vos frères les mains amicalement tendues, les regards illuminés par la plus pure tendresse, et que chaque parole sortie de vos lèvres soit une parole de paix et d'amour.

Ainsi grandiront vos forces spirituelles, car plus vous donnerez, plus vous recevrez vous-mêmes.

DIXIÈME ENTRETIEN

D. — Quel usage pouvons-nous encore faire du magnétisme ?

R. — Vous pouvez l'employer à soulager les souffrances et à guérir les maux qui affligent la pauvre humanité.

D. — De quelle façon devons-nous agir pour soulager et guérir nos semblables ?

R. — En opérant des passes magnétiques sur la partie malade. Ces passes font pénétrer le fluide curatif au sein de l'organisme pour s'emparer d'un germe morbide et le détruire.

D. — De quelle manière le détruit-il ?

R. — En le réduisant, suivant le cas, à l'état liquide, ou gazeux, dont l'élimination se fait ensuite facilement par les fonctions naturelles du corps.

D. — Pouvons-nous arriver promptement à obtenir de bons résultats ?

R. — Nulle faculté n'est plus longue à développer que le magnétisme curatif. Il exige une persévérance à toute épreuve et un ardent désir de se rendre utile à ses semblables.

D. — Pouvons-nous essayer de nous soulager et de nous guérir nous-mêmes ?

R. — Cela vous est possible en appelant à votre aide votre groupement supérieur, qui fera pénétrer en vous le fluide pur et bienfaisant.

N'oubliez pas, amis, que la vie spirituelle, encore peu développée dans vos âmes, vous rend semblables à de jeunes enfants, essayant leurs premiers pas, et faisant usage de leurs membres d'une façon gauche et maladroite.

Le temps et vos efforts persévérants vous apprendront à mieux tirer parti de vos facultés pour leur faire produire les bons résultats que vous en espérez.

Dans les temps futurs, l'éducation de la jeunesse, mieux comprise, mènera de front les exercices corporels, la culture de l'intelligence et le développement des sens internes. Alors la clairvoyance permettra de voir dans l'intérieur du corps les désordres de l'organisme; l'intuition indiquera la qualité et la quantité des fluides à employer : enfin, les passes magnétiques, faites en connaissance de cause, rétabliront l'équilibre compromis et rendront l'énergie vitale aux corps affaiblis.

Au lieu d'être, comme aujourd'hui, les instruments aveugles des volontés et des forces non pondérées de l'Astral, les Incarnés deviendront les correspondants éclairés et conscients des Intelligences et des forces supérieures de l'espace.

ONZIÈME ENTRETIEN

D. — Quel résultat personnel obtiendrons-nous par le développement de nos sens internes ?

R. — Celui d'apprendre à vous connaître vous-mêmes dans votre double composition d'éléments visibles et d'éléments invisibles et de vous rendre compte des liens qui vous unissent à votre famille spirituelle.

D. — Qui est-ce qui compose notre famille spirituelle ?

R. — C'est d'abord votre groupement supérieur, qui veille, comme la plus tendre mère, sur le salut de votre âme, et se réjouit de ses progrès. Ensuite, ce sont les groupements secondaires de votre dualité qui, incarnés ou désincarnés, vous inspirent ou vous témoignent la plus vive sympathie.

D. — Quand pourrons-nous nous rendre compte de ces liens ?

R. — Lorsque la clairvoyance est assez développée dans un Incarné pour lui permettre de voir et de discerner les choses et les êtres de l'Astral, le progrès de sa spiritualité ne tarde pas à le mettre en présence de son groupement supérieur. Cette vue ravit son âme d'une telle extase que rien sur la 'erre ne peut plus fixer son cœur et sa pensée.

D. — Avons-nous des devoirs à remplir envers les groupements secondaires de notre Dualité ?

R. — Vous devez les aider de tout votre pouvoir à progresser moralement, afin de compléter au plus vite le groupement supérieur de votre Dualité.

D. — Comment pouvons-nous exercer une bonne influence sur les groupements dont nous sommes éloignés ?

R. — Par le fait de la solidarité, qui compense et égalise toute chose ; le bien que vous faites aux groupements de Dualités différentes est rendu par d'autres Incarnés aux groupements de votre propre Dualité.

Les lumières dont vous allez être pénétrés, amis, vous permettront d'analyser la nature des éléments invisibles qui composent votre être intérieur. Vous reconnaîtrez que chacune des parcelles qui constituent le foyer de votre âme possède une conscience personnelle et indépendante.

Les plus pures, attirées vers le bien, unissent leurs efforts pour monter vers les clartés des plans supérieurs. Les autres, poussées vers le mal, emploient leur activité à se procurer les satisfactions basses et grossières de la matière. De là provient ce combat intime entre vos bons et vos mauvais intincts; combat qui ne finira que par l'adhésion au bien de toutes les volontés composant votre personnalité.

Alors, échappant aux attractions qui les rivaient à la terre, vos âmes libérées monteront s'unir à leur groupement supérieur. Celui-ci, comme le père de l'enfant prodigue, les accueillera avec amour et les mettra bien vite en possession de leur héritage : héritage précieux auquel vous avez droit comme fils de Dieu et citoyens de l'Infini.

DOUZIÈME ENTRETIEN

D. — Qu'apprendrons-nous encore au moyen des lumières spirituelles ?

R. — Vous apprendrez à retrouver la trace de votre passage à travers tous les règnes de la nature et tous les stages de l'humanité, à vous rendre compte des liens qui vous unissent à la famille universelle.

D. — Quels sont les liens qui nous unissent à la famille universelle ?

R. — Ce sont les liens formés par vous-mêmes ou par les groupements épars de votre Dualité, au sein des innombrables familles dont vous avez fait partie : liens produits par le fait des amitiés que vous avez conçues ou fait naître ; des services que vous avez reçus ou rendus au cours de vos multiples existences

D. — Quelles sont donc les lois qui présidont à nos réincarnations?

R. — C'est d'abord la loi de l'évolution, qui maintient un perpétuel mouvement ascendant les parcelles éparses dans l'immensité; ensuite, la loi d'attraction et d'affinité qui les fait se grouper pour faire partie de la même existence, en attendant que la conscience plus développée leur permette de choisir elles-mêmes le milieu propice à une fructueuse incarnation.

D. — Comment s'opère l'incarnation?

R. — Lorque le germe positif produit par l'homme s'est uni au germe négatif produit par la femme, les centres d'activité de ce double germe, se développant et se mettant à fonctionner, attirent et groupent autour d'eux les parcelles et les molécules qui doivent composer la nouvelle personnalité: parcelles et molécules qui se trouvent en suspension dans la double atmosphère fluidique et physique de la planète.

D. — Dans quelle mesure sommes-nous libres de nos actes?

R. — Comme la brebis est libre de s'écarter du troupeau dont elle fait partie, pour entrer dans le champ défendu. A peine a-t-elle brouté

quelques brins d'herbe que le fouet du berger ou la morsure de son chien la remet
bien vite dans le droit chemin. De même les
lois immuables chargées de maintenir l'ordre et l'harmonie dans l'Espace ne tardent
pas à ramener vers le but de leur évolution les âmes qui s'en éloignent.

D. — Quels moyens emploient-elles pour
cela ?

R. — Les souffrances physiques et les
épreuves morales dont toute vie humaine est
tributaire.

D. — Quelle est la loi qui fait activer
l'évolution humaine ?

R. — C'est la loi du sacrifice qui correspond à la loi solidaire et dont les effets nous
font rendre au centuple le bien que nous
faisons à nos semblables.

Amis, lorsque le foyer de l'âme s'alimente
directement aux sources pures du fluide
éthéré, il lui est possible de refléter les images
qu'il y découvre et de transmettre au cerveau
les empreintes qu'il en reçoit.

L'incarné peut alors remonter le cours du
passé pour étudier son passage à travers
l'immensité. Les leçons qui se dégagent de

cette étude lui font comprendre le but et l'utilité de chaque incarnation, les expériences acquises et les précieux résultats des efforts accomplis.

A l'aide de ces lumières il peut consulter l'horloge immense que représente au-dessus de vos têtes l'assemblage des corps célestes : horloge dont les constellations forment les heures, qui peuvent lui indiquer les points marquants, le progrès et la marche future de son évolution.

Ces découvertes élargissent l'horizon de sa pensée. Il se sent lié à tous les êtres de la création, faisant comme eux partie de la vie universelle et infinie. La chaîne de ses existences passées lui paraît être un fil ténu, s'entremêlant à des fils semblables, pour former la trame de l'immense réseau fluidique qui remplit l'espace, au travers duquel s'affine, s'épure et se spiritualise l'inerte et lourde matière.

CONCLUSION

Amis, outre les sens extérieurs, les organes de l'homme ont également leur contre-partie spirituelle.

Lorsque le double interne du cerveau fonc-
tionne normalement, il reçoit les impressions du monde invisible, comme le cerveau
matériel reçoit celles du monde visible :
impressions qu'ils se transmettent réciproque-
ment. De même, lorsque le double interne
du cœur est actionné par la lumière de l'espace, il devient le centre où convergent les
forces fluidiques pour, de là, se répandre et
entretenir la vie de l'être intérieur.

C'est par le développement et le fonctionnement de ces sens et de ces organes internes que se formera en vous l'homme spirituel qui prendra, peu à peu sur la terre, la
prépondérance qu'a eue jusqu'à ce jour
l'homme matériel. Celui-ci devenant l'esclave
de ce maître nouveau, mettra à son service
ses forces, son activité et recevra docile-
ment les impressions supérieures qu'il lui
transmettra.

L'Incarné, ainsi complété et régénéré,
vivant de sa double vie, exercera ses facultés aussi bien sur le plan invisible que sur
le plan visible. Son imagination contenue,
son intellect éclairé, ses conceptions agrandies, lui permettront de débarrasser le plan
astral des formes grossières enfantées par

l'ignorance et la peur. Il pourra également détruire dans le mental de ses semblables les ombres produites par l'erreur et les préjugés.

Alors, pour cet Etre divin, vêtu de *lumière*, nourri *d'amour*, la terre deviendra ce qu'elle doit être en réalité : un vaste laboratoire où il pourra venir, à son gré, faire l'application de ses forces spirituelles pour contribuer, dans la mesure de son pouvoir, à l'œuvre grandiose de la création.

TROISIÈME SÉRIE

PREMIER ENTRETIEN

Amis, le premier effet perçu par la vue interne est le rapport qui existe entre l'homme spirituel et le double astral de toute vie supérieure ou inférieure. De même que l'Incarné a pouvoir sur les règnes secondaires de la nature, de même son double interne domine la contre-partie spirituelle de tout ce qui vit, s'agite et respire sur le globe.

C'est par la force physique aidée de l'intelligence que l'homme exerce sa domination sur les êtres inférieurs ; c'est par sa volonté, aidée de la lumière astrale, que l'homme divin exerce son pouvoir sur la partie spirituelle des Êtres.

De même aussi que l'homme méchant peut abuser de sa force pour opprimer ceux qui lui sont soumis, de même aussi l'homme spirituel peut développer ses facultés à contre-sens, et les faire servir au triomphe du mal, au lieu de les employer au service du bien.

Mais alors, se mettant en opposition avec les lois immuables qui guident l'évolution, il ne tarde pas à ressentir le choc en retour de ces forces mal dirigées: choc qui produit en lui un recul moral dont les conséquences terribles peuvent l'amener à être rejeté de la présente évolution.

Il est alors obligé d'attendre, parmi les débris abandonnés dans l'Astral, l'époque lointaine où il lui sera possible de reprendre pied sur les degrés inférieurs d'une future humanité.

De tout temps, amis, il y a eu sur la terre, et il y a encore, des Êtres avancés, dont les facultés hautement développées ont contribué et contribuent encore à la direction et à la marche en avant du progrès humain. Les connaissances que possèdent ces Êtres d'élite, qui ne forment malheureusement qu'une trop faible minorité, ces connaissances, disons-nous, vont être mises à la portée de tous.

Les efforts réunis des Incarnés compétents et des Invisibles éclairés aideront à tracer la voie où va s'engager l'humanité terrienne, prête à franchir le pas décisif qui doit la porter vers la *lumière* et vers *l'amour*.

DEUXIÈME ENTRETIEN

Amis, les facultés internes que vous possédez tous à l'état latent, et qui doivent se vivifier par le progrès de votre spiritualité, ne seront mises en valeur appréciable que lorsqu'elles auront acquis un certain degré de développement.

Les pouvoirs qui leur sont inhérents les suivant dans leur marche ascendante, vous apparaîtront d'une façon toujours plus sensible et plus effective.

Il est à peine besoin de vous les indiquer, car l'intuition qui se développera simultanément vous les fera suffisamment apprécier et vous éclairera sur les moyens à employer pour en tirer tout le profit possible.

C'est ainsi que vous apprendrez à augmenter votre énergie vitale par de fortes aspirations qui, faisant entrer dans vos pou-

mons une grande quantité d'éléments atmosphériques, introduiront également dans votre
être intérieur le fluide vital qu'ils renfer-
ment.

Vous apprendrez aussi à insuffler le surcroît d'énergie que vous saurez vous procurer, sur le double astral de tout organisme
affaibli.

Pour donner à ces actes, si simples en
apparence, la vertu désirée, il importe que
l'aspiration intérieure de l'âme vers son
groupement supérieur accompagne l'aspiration ou l'insufflation extérieure du corps, et
que la volonté, tendue sans défaillance vers
le but à atteindre, permette aux bons effets
de se produire sans obstacle.

L'action du corps, l'adhésion énergique et
soutenue de la volonté, et l'appel aux
forces invisibles, voilà les trois conditions
essentielles pour réaliser les œuvres auxquelles peuvent et doivent s'employer les
facultés de l'être spirituel, et les sens merveilleux dont il est doué.

TROISIÈME ENTRETIEN

Un autre effet de la vision interne, amis, est le pouvoir qu'il vous donne de pénétrer le mental de vos semblables pour découvrir et dissiper les ombres funestes qui s'opposent à l'action bienfaisante de la lumière spirituelle.

C'est par l'émanation fluidique, qui se dégage de tout être incarné, que vous jugez du degré de son développement moral ; c'est par le reflet de ses fluides sur les vôtres que vous vous rendez compte de ses pensées et de ses sentiments. De même qu'en vous penchant sur les eaux tranquilles d'un lac endormi vous distinguez l'image des objets qui l'entourent, de même, en descendant en vous-mêmes, vous reconnaissez les empreintes produites par les fluides étrangers qui s'y reflètent.

6

L'expérience et surtout l'intuition vous apprendront à acquérir la concentration de pensée et la clairvoyance nécessaires pour reconnaître ces images confuses, et faire entre elles un judicieux discernement.

Ce pouvoir merveilleux, en se développant, vous donnera sur vos frères une supériorité dont vous ne devez jamais abuser. Devenant tout à la fois le confesseur et l'ami de l'âme qui se dévoile à vos regards, vous tâcherez d'éloigner d'elle les mirages trompeurs qui la séduisent, de dissiper le trouble produit par les passions qui la dominent.

Comme une mère se penche sur le berceau de son jeune enfant pour lui donner l'aliment nécessaire à sa vie, de même vos cœurs, devenus forts et vaillants, s'inclineront vers les cœurs faibles et meurtris, pour faire pénétrer en eux le double rayonnement de l'*Amour* qui console, de l'*Intelligence* qui éclaire.

QUATRIÈME ENTRETIEN

Amis, le dégagement complet de l'âme, dont nous vous avons déjà parlé, ne peut s'effectuer que lorsque les conditions qu'il exige sont rigoureusement remplies. Tout ce qui enchaîne à la terre : affections, désirs, besoins, doit être dominé, épuré, transformé. Plus d'impatience dans l'attente, plus de sentiment exagéré dans la tendresse, plus de satisfaction trop vivement convoitée. Le calme, la sérénité, l'entière possession de soi-même, le sage emploi de toutes les facultés de l'âme, voilà ce qui peut la préparer à son futur dédoublement.

Une fois ces conditions réalisées, sans que rien lui indique le moment choisi, elle se trouve tout à coup transportée hors de son corps, surprise et émue de ce changement

inattendu. Les forces spirituelles dont elle
est douée lui permettent de se ressaisir, de
changer de lieu, de pénétrer partout, sans
que rien puisse entraver son vol libre et
conscient.

Il est inutile de vous dire que ce pouvoir
nouveau ne doit pas être mis au service
d'une curiosité malsaine, ni vous aider à
obtenir des satisfactions personnelles inutiles.

Voler au secours d'une âme en détresse,
s'employer à l'affranchissement d'un cœur
succombant sous le poids de ses chaînes,
étendre au loin le rayonnement de vos fluides épurés, tel est l'usage que vous devez
en faire pour le bien et le profit de vos
frères malheureux.

Libres de monter sur les plans élevés de
l'Espace, vous viendrez, près de vos frères
aînés, étudier les secrets de la vie universelle, les mystérieuses évolutions des Etres,
les effets produits par les combinaisons nouvelles des corps et des éléments, en un mot,
vous pénétrer de tout ce qui fait la force et
la prospérité des humanités et des mondes
supérieurs.

CINQUIÈME ENTRETIEN

Amis, pour compléter les aperçus que nous vous donnons sur les pouvoirs que le développement de la vie spirituelle doit vous faire acquérir, nous vous indiquerons les moyens à employer pour obtenir la vision du passé et celle des événements à venir.

Le principal effort que vous ayez à faire consiste à habituer votre pensée à se replier sur elle-même. Elle doit apprendre à n'accorder aux préoccupations extérieures que le temps strictement nécessaire et se ressaisir constamment pour s'appliquer à la contemplation intérieure.

Cet exercice répété ouvrira à votre âme une voie nouvelle qui lui permettra de pénétrer dans les profondeurs intimes de son foyer. C'est là que se découvre le secret de toute chose ; car là est la demeure du Père, c'est-à-dire la source de la véritable vie, le réservoir où s'alimentent les forces spirituelles, le lieu d'où partent et où arrivent sans cesse les courants fluidiques qui vous mettent en relation constante avec les Etres et les choses des plans invisibles.

Les courants qui y aboutissent vous apportent les empreintes des événements du passé, puisées dans la *lumière Astrale* où toute vibration s'enregistre et se conserve. Ceux que vous émettez vont, au contraire, chercher dans la *lumière épurée de l'Espace* les reflets qui vous montrent, comme dans un miroir fidèle, l'image des événements à venir.

Puissent vos efforts courageux et persévérants vous donner au plus tôt accès dans ce lieu béni où vos intelligences avides se baigneront dans la *lumière,* où vos cœurs lassés se retremperont dans l'*Amour* !

SIXIÈME ENTRETIEN

Amis, la terre qui vous porte est loin de vous offrir actuellement un séjour favorable à votre développement spirituel. L'organisation imparfaite de la famille, la constitution défectueuse de la société et les éléments non domptés de l'ambiance sont autant d'obstacles contre lesquels vous avez à lutter. Il faut donc vous appliquer à améliorer les conditions familiales, sociales et atmosphériques, afin de faciliter votre évolution et hâter votre progrès.

Elargissez le cercle étroit de la famille. Faites-y entrer les amis, les parents privés de foyer. Les ressources mises en commun permettront une vie plus large, plus libre, plus facile.

Que chacun s'emploie selon ses moyens

et ses aptitudes au fonctionnement intérieur ou au bien-être de la communauté.

L'autorité se placera d'elle-même dans les mains de celui qui sera le plus développé spirituellement, et dont la clairvoyance éprouvée aidera à maintenir chacun dans la voie de la justice et du devoir.

Les efforts faits pour le perfectionnement personnel ou collectif seront aidés par les forces invisibles, sans cesse attirées sur le groupe familial.

Les enfants, grandissant dans ce milieu calme et honnête, développeront facilement leurs facultés intellectuelles et mentales, et apporteront un appoint précieux à l'harmonie, à la gaieté, à la bonne entente.

Les repas, d'où seront bannis les propos frivoles et malveillants, seront un moment de détente pour l'esprit, de délassement pour le corps.

Enfin, chacun correspondant directement avec son groupement supérieur, recevra de lui les conseils, l'appui, la direction nécessaires pour l'aider à travailler efficacement à son progrès personnel et contribuer au bonheur de tous.

SEPTIÈME ENTRETIEN

Amis, il ne nous est pas possible de vous indiquer, dans le cadre étroit de ces entretiens, les changements que vous devez apporter à votre organisation politique et sociale, en vue de vos progrès futures.

L'équilibre qui doit s'établir dans l'ordre gouvernemental pour en assurer le bon fonctionnement suivra la marche ascendante de votre évolution ; plus vous grandirez moralement, plus cet équilibre se développera et et portera d'heureux fruits.

Fondée sur le modèle de la famille, la société de l'avenir possédera, dans ses différents groupes, les éléments de droiture, de justice, de sagesse faisant contraste avec les éléments discordants qui la composent actuellement.

Chaque groupe, jouissant d'une entière

autonomie, ne se rattachera aux autres groupes que par les liens d'une étroite solidarité.
Comme dans la famille aussi, l'autorité
appartiendra à ceux dont les âmes hautement évoluées posséderont les pouvoirs qui
assurent la domination complète des Êtres
et des choses.

Ces frères avancés formeront dans chaque
cité un tribunal compétent, aux jugements
duquel nul ne sera tenté de se soustraire.

Les transactions, basées sur l'équité, se
feront sans contestations et le droit de chacun, toujours reconnu, évitera les discordes
et les querelles si fréquentes aujourd'hui.

Enfin, le pur amour, dont les cœurs seront
remplis, remplacera la haine qui les anime
si souvent, et fera de la société une famille
de frères, une réunion d'amis, empressés à
se soutenir, à s'entr'aider, à s'aimer.

HUITIÈME ENTRETIEN

Amis, pour avoir le moyen de dompter les forces qui vous entourent, il faut posséder vous-mêmes une force supérieure. Cette force existe, et sera à la disposition de votre être intérieur, lorsqu'il sera parvenu à son complet développement.

Le foyer de votre âme, semblable au foyer de l'infini dont il émane, est un centre d'énergie, dont les activités *positives* attirent les forces *négatives* de l'espace. Le jeu de ces forces opposées donne naissance à un fluide subtil pouvant mettre au service de la volonté qui le dirige toutes les forces matérielles ou spirituelles du globe.

Vous devez comprendre quelle importance a pour vous le développement de votre spiritualité, qui fera grandir vos pouvoirs à la hauteur de vos aspirations, et vous permettra d'exercer sur la matière un empire absolu.

Les résultats que vous obtiendrez par l'emploi de ce fluide merveilleux sont incalculables. Un groupe d'Incarnés, dirigeant leurs vouloirs unifiés sur un point quelconque du vaste horizon, seront assez puissants, pour dompter la tempête, attirer, repousser ou dissiper les nuages, apaiser les vents déchaînés, calmer les flots soulevés d'une mer en furie.

C'est alors que l'homme sera vraiment le roi et le maître de la création, et qu'il verra se briser à ses pieds vainqueurs toutes les résistances et tous les obstacles qui entravent votre vie, et s'opposent à la réalisation de vos désirs.

N'inclinez donc plus vers la terre vos fronts soucieux pour y chercher les biens capables de vous satisfaire. C'est dans l'atmosphère qui vous entoure, dans l'air que vous respirez, dans cet espace immense qui vous environne et vous semble vide, c'est là que vous trouverez les forces, dont la combinaison avec vos propres éléments produira le fluide subtil, auquel vous devrez la santé du corps, le repos de l'esprit, la joie du cœur et les consolantes certitudes de votre vie impérissable et divine.

NEUVIÈME ENTRETIEN

La lumière astrale, amis, est la contre-partie spirituelle de la lumière qui vous éclaire. Les éléments qui la composent étant de même nature que ceux qui forment votre essence fluidique, il s'opère entre eux, par le fait de l'attraction, un échange continuel dont nous vous avons précédemment expliqué les causes et les effets.

Cette atmosphère invisible et lumineuse doit attirer dorénavant votre attention et devenir l'objet de sérieuses études. C'est en elle que se produit la source des forces subtiles qui vous influencent, des inspirations qui vous guident, des courants bons ou mauvais qui vous entraînent.

Sa composition la plus rudimentaire vous est connue sous le nom *d'électricité*, sa substance la plus pure sert de base au magnétisme spirituel par lequel vous sont ouvertes les portes du monde invisible.

Le progrès des sciences et de l'industrie vous permettra de faire de sa forme inférieure, et avec l'aide d'instruments appropriés, de nouvelles et toujours meilleures applications.

Ayant trouvé le moyen de la produire d'une façon plus simple et plus économique, vous obtiendrez des courants de force plus actifs, des foyers de lumière plus étendus.

Vous pourrez alors actionner de nouveaux appareils, par lesquels vous produirez une chaleur capable de combattre victorieusement le froid de vos hivers rigoureux.

Vous pourrez aussi établir des ventilateurs ingénieux qui vous garantiront de la chaleur pénible de vos étés brûlants.

Enfin, cette lumière intense éclairera vos nuits obscures, en attendant que vos connaissances, toujours plus étendues, vos pouvoirs, toujours plus grands, vous permettent de faire émerger la terre des degrés inférieurs de l'espace, où règnent les ténèbres, pour la placer, pure et légère, sur les degrés supérieurs où resplendit la *lumière*.

DIXIÈME ENTRETIEN

Amis, la lumière astrale vous permettra de porter la clarté, non seulement dans les ténèbres de vos longues nuits, mais aussi dans vos âmes avides de lumière. Plus vous grandirez spirituellement, plus votre vue interne sera pénétrée par le rayonnement de cette pure vision, devant laquelle tout ce qui fait l'objet de vos préoccupations ordinaires vous paraîtra illusoire et puéril.

A la lueur de ces clartés, les Êtres spirituels auront conscience de leur vie commune, comme les Êtres matériels ont conscience de la leur. Vous voyant tous sous votre véritable aspect, nul mensonge, nulle hypocrisie ne pourra tromper votre clairvoyance, ni surprendre votre bonne foi.

Considérant le passé de la terre, vous reconnaîtrez, dans le chemin qu'elle a parcouru, dans les phases qu'elle a traversées, dans les changements qu'elle a subis, la *Volonté* toute puissante et l'*Amour* infini qui présidait à ses destinées.

L'*Intelligence suprême*, adorée dans les jeunes humanités sous des formes enfantines et grossières, sera mieux comprise par vos esprits éclairés, qui lui rendront hommage, en collaborant à ses œuvres grandioses.

Les vertus inspirées par les différentes religions ; le sang versé par les martyrs de la foi ou du devoir ; les actes sublimes de la charité et du dévouement ; les hautes études des Incarnés qui se sont transmis de génération en génération les secrets des traditions anciennes ; en un mot, toutes les semences de vie spirituelle ont fécondé le sol terrien et préparé la moisson future.

Le *bien*, le *beau*, le *vrai* ne seront plus pour vous des mots vides de sens; vous apprendrez à les connaître dans leur essence lumineuse, par l'étude des courants subtils qui vous entraînent vers elle ou vous transmettent son doux reflet.

Un temps viendra où le progrès de votre évolution vous permettra de vivre dans la

Vérité, d'agir pour le *Bien*, de contempler l'idéale *Beauté* sans nuage et sans voile. Alors vous embrasserez d'un seul regard tout ce qui forme les illusions trompeuses de la vie matérielle et tout ce qui compose les réelles grandeurs de la vie spirituelle et infinie.

ONZIÈME ENTRETIEN

Il nous reste encore, amis, à vous indiquer
le moyen de supprimer les crises doulou-
reuses qu'ont dû subir jusqu'à ce jour, d'une
part, les mères appelées à donner la vie à des
êtres nouveaux, de l'autre, les Incarnés,
quand la mort les oblige à quitter leur corps
de chair.

Le pur amour, qui va remplir vos cœurs,
donnera à vos facultés affectives une ampleur,
une extension, à laquelle ne pourra plus suf-
fire l'affection étroite et bornée d'un cœur
humain. C'est sur les souffrants et les malheureux, surtout sur les âmes endormies
dans la matière, que se portera votre besoin
de dévouement et d'amour. Les jouissances,
qui seront la récompense de vos élans généreux, seront infiniment supérieures à celles

que vous procure un commerce charnel et trompeur.

Dans ces conditions nouvelles, l'union de la chair ne sera plus le pivot sur lequel se concentrent les appétits grossiers de la nature inférieure ; ce sera l'acte réfléchi qu'accompliront, dans une mesure raisonnable, les Incarnés conscients de leur tâche créatrice.

Le pouvoirs que vous aurez acquis vous donnant sur la matière une puissance de plus en plus grande, vous atténuerez peu à peu les conditions pénibles de la naissance et en supprimerez la douleur. Grâce au magnétisme, l'Être humain fera son entrée dans la vie sans occasionner les déchirements et les souffrances qui ont été jusqu'ici la conséquence inévitable des fonctions maternelles.

Ces améliorations progressives vous amèneront jusqu'au temps, encore éloigné, où, dans vos corps, devenant insensiblement transparents et lumineux, les centres de vie se déplaceront d'eux-mêmes pour donner à l'acte et aux suites de la conception une forme plus idéale et plus immatérielle.

DOUZIÈME ENTRETIEN

Ce n'est pas sans raison, amis, que la mort a été jusqu'ici pour vous un sujet d'épouvante et d'effroi. Tant que l'Incarné sera dominé par ses passions, le moment où se brisent les chaînes qui le lient à la terre sera toujours pénible et douloureux.

Entouré de parents et d'amis inconscients de la transformation qui s'opère sous leurs yeux, et à laquelle ils pourraient prêter une aide efficace ; troublé par les cris de désespoir de ceux qu'il quitte, effrayé par les visions inférieures de l'astral qu'il entrevoit, le mourant subit tout à la fois les affres de la souffrance physique et les tortures de l'angoisse morale.

Les Êtres supérieurs, comme des frères

attentionnés, s'empressent autour de lui, essayant, mais en vain, de faire pénétrer le calme dans son âme affolée ; leurs fluides purs ont peu de prise sur ses fluides lourds et matériels, et c'est en proie à la terreur la plus vive qu'il fait son entrée sur les plans invisibles.

Tout autre est la mort de l'Incarné, qui a pris conscience de sa vie spirituelle et a commencé à se détacher des attractions terrestres, par les efforts de sa nature supérieure. Son corps, s'étant affiné sous l'influence du travail intérieur, oppose peu de résistance à la pression des éléments dont il se sépare. Son mental épuré échappe aux empreintes grossières des fluides lourds de l'ambiance, et perçoit de plus en plus distinctement les heureux effets du dédoublement définitif qui s'opère.

Sa famille spirituelle, avec laquelle il s'est mis en relation pendant sa vie mortelle, accourt l'assister à cette heure suprême ; sans secousse, sans déchirement, il perd peu à peu de vue ses parents de la terre pour se retrouver avec ses frères et ses amis de l'Espace. Sortant de son corps comme le prisonnier sort de son cachot, il aspire la

7.

clarté lumineuse qui l'entoure et s'épanouit
aux reflets des splendeurs sidérales.

CONCLUSION

Amis, les données contenues dans ces
pages sur la vie immatérielle de l'âme et la
destinée des Êtres ont surtout pour but d'exciter dans vos cœurs le désir de recevoir
par vous-mêmes les révélations de l'Invisible.

Si, avec la collaboration de simples et
modestes mères de famille, nous avons pu
vous faire entrevoir d'aussi lumineux aperçus, quelle intuition plus grande, quelle
vision plus claire de la Vérité ne pourrons-
nous pas vous donner lorsque nous aurons à
notre disposition des intelligences mieux
préparées, des cœurs plus purs, des cerveaux mieux outillés !

Venez donc à nous, amis, répondez tous
aux appels qui vous sollicitent ! Réalisant
toujours mieux les conditions que nous vous
avons indiquées, mettez-vous à même de
correspondre avec vos frères et vos amis
de l'Espace sans intermédiaire et sans aide.

Deux grands courants font, à l'heure actuelle, circuler la vie dans les âmes. L'un, répondant aux besoins des facultés supérieures de l'intellect, dévoile les secrets de la sagesse et du savoir de tous les temps et prépare les intelligences à saisir les purs reflets de la *lumière divine*.

L'autre invite les cœurs blessés et meurtris à puiser au contact des amis invisibles les effluves réparateurs de l'*amour infini*.

A l'aide de ces reflets et de ces effluves toute illusion s'évanouira pour faire place à la réalité. La succession de vos vies terrestres et astrales vous paraîtra ce qu'elle est réellement : l'effet des mouvements périodiques qui vous font passer alternativement d'un plan à l'autre, comme l'ouvrier quitte son chantier, après chaque journée de labeur, pour se délasser à son foyer et réparer, par un repos nécessaire, les forces que réclamera son travail du lendemain.

Vous comprendrez aussi que vous pouvez, avec le temps et de courageux efforts, mériter de voir échanger la tâche pénible du manœuvre qui exécute, contre la tâche plus douce du maître qui commande.

Le retour sur la terre ne sera plus alors

considéré comme un emprisonnement fatal,
mais comme la possibilité de faire, dans un
lieu et avec un vêtement approprié, l'application fructueuse des connaissances puisées aux sources mêmes des forces souve-
raines et créatrices.

Laissez donc pénétrer en vous le fluide
pur et éthéré ! ne mettez pas obstacle à
son action bienfaisante ! Il éclairera votre
conscience qui deviendra le tribunal sévère
devant lequel vous jugerez vos pensées et
vos actes.

Il réchauffera votre cœur et lui apprendra
la fonction sublime du véritable amour qui
se donne sans cesse sans jamais exiger de
retour !

Alors, votre âme heureuse et régénérée
entendra prononcer au fond d'elle-même ces
paroles de l'Ecriture qui donnent le signal
des faveurs divines : « Je la conduirai dans
la solitude et là je parlerai à son cœur ».

LES PLANS DE L'ESPACE

SUITE AUX ENTRETIENS SPIRITES

I

Amis, ceux parmi vous qui nous ont suivis dans les études que nous avons faites précédemment sur l'*origine* et la *fin* des Êtres, sur le développement de la vie spirituelle dans les âmes et les effets qui en résultent, ceux-là seuls pourront tirer profit des aperçus que nous allons essayer de vous donner sur les plans de l'Invisible, plans où cette vie spirituelle se déroule : inconsciemment pendant l'incarnation, consciemment après la mort.

Vous avez compris, d'après nos explications, que l'âme est un foyer composé d'innombrables petits foyers formés par les groupements de parcelles à différents degrés d'épuration.

De ces foyers se dégage une émanation fluidique qui entoure l'Incarné d'une auréole appelée *aura* par les théosophes.

Cette *aura*, soumise aux lois d'attraction et d'affinité; produit l'effet d'une lentille qui attire sur elle le rayonnement des *auras* ou fluides similaires.

La réunion des émanations fluidiques, entourant chaque forme ayant vie sur le globe, compose à la planète une *aura* personnelle qui, à son tour, attire les fluides correspondants de l'Espace.

Le foyer de l'Infini projette également une *aura* dont le rayonnement divin entoure et pénètre les êtres, les mondes et les Univers.

C'est l'attraction de ce puissant foyer qui attire, groupe et condense les myriades de parcelles éparses dans l'immensité.

Pour comprendre le jeu de ces forces diverses, il faudrait pouvoir vous rendre compte des effets produits par leurs vibrations réciproques. Ceci est du domaine de la science pure, et déjà d'intéressantes découvertes vous mettent sur la voie d'une expli-

cation rationnelle de ces troublants problè-
mes.

En attendant que vos esprits, plus éclairés, puissent recevoir une intuition meilleure,
nous vous dirons simplement ceci : tout dans
la nature subit la loi des correspondances,
et tout ce qui vibre, soit dans l'infiniment
grand, soit dans l'infiniment petit, produit
dans l'éther une vibration correspondante
qui rapproche, unit ou sépare les corps ou
les éléments.

Vous pouvez saisir maintenant les liens
qui vous rattachent à tous les plans de l'Invisible. Les parcelles composant le foyer de
votre âme étant à des degrés divers d'épuration, s'échangent constamment avec des
parcelles du même degré, subissant par cet
échange l'épuration nécessaire à leur progrès.

Les plus lourdes trouvent sur les plans
inférieurs de l'Astral la satisfaction de leurs
exigences grossières et matérielles.

Les plus pures vont chercher sur les plans
élevés les correspondances qui peuvent
répondre à leurs aspirations et à leurs
besoins.

Ce sont les désirs et les émotions de l'âme

qui provoquent, sur les degrés inférieurs,
les vibrations par lesquelles se produisent les
courants fluidiques qui vous transmettent
les suggestions, bonnes ou mauvaises des
forces inférieures.

C'est la prière, ce sont les hautes aspirations de l'âme qui déterminent, sur les plans
élevés, les puissantes vibrations par lesquelles vous parviennent le secours et l'appui
des forces supérieures.

C'est le fluide éthéré, ou rayonnement de
l'Infini, qui règle et coordonne les effets et
les mouvements de tout ce qui vibre dans
l'Espace.

En lui résident les forces mystérieuses
qui dirigent l'Évolution et assurent la marche
du progrès.

Depuis le soupir de l'enfant qui naît à la
vie jusqu'à la haute envolée du génie supérieur, tout s'enregistre et se conserve dans
ses précieuses archives.

Lorsque l'homme aura appris à remonter
jusqu'à la source d'où il émane, ce ne sera
plus seulement à l'astre du jour qu'il adres-
sera l'hommage de son admiration et de sa
reconnaissance, parce que c'est lui qui développe et entretient la vie de son corps. Ce

sera surtout vers ce puissant et merveilleux foyer de l'Infini qu'il enverra le tribut de son adoration et de son amour, parce que c'est lui qui féconde, active et vivifie la vie de son âme.

II

Amis, c'est l'*aura* de la terre qui compose le royaume de l'*Astral* dans lequel évoluent les parcelles, les groupements de parcelles et les âmes ou esprits aux prises avec ses forces non suffisamment pondérées; forces dont ils se servent pour influencer, soit en bien, soit en mal, ceux des Incarnés dont les vibrations correspondent aux leurs.

Au-dessus de cette *aura*, plongé dans le pur rayonnement du fluide éthéré, se trouve le plan spirituel où gravitent les esprits complètement libérés du joug de la matière. A l'aide des forces subtiles dont ils disposent, ces frères aînés cherchent à établir, avec ceux d'entre vous qui répondent à leurs appels, des courants fluidiques par lesquels vous parviennent les lumières qui éclairent votre intelligence, les effluves qui réchauffent votre cœur.

Nombreux sont les degrés de l'*Astral* et
il y a autant de distance entre l'âme qui
rampe dans les ténèbres morales des couches inférieures et celle dont le mental épuré
perçoit les purs reflets du fluide de l'Infini,
qu'il y en a sur la terre entre le malheureux manquant de pain et d'abri et le riche
opulent gorgé d'or. Mais, de même que l'in-
digent, s'il sait faire usage de sa volonté, de
son intelligence et des forces qui sont en
lui, peut sortir de son état misérable et parvenir à la richesse; de même, l'âme faible
et courbée sous le joug de ses passions peut,
en se servant du levier qui est en elle, franchir d'un pas rapide les degrés qui condui-
sent à la lumière.

Ce levier n'est autre que la conscience,
flambeau précieux que chacun porte en soi
et qui suffit à éclairer la route et à montrer
les écueils.

Sur ce flambeau les forces spirituelles souf-
flent sans cesse pour en activer la lueur,
qu'obscurcit malheureusement la buée produite par le bouillonnement de la matière en
travail d'épuration.

Lorsque l'homme aura compris que sa
conscience est tout à la fois une lumière qui

éclaire, une voix qui dirige et un tribunal qui juge, il se laissera guider par elle et entreprendra résolument l'œuvre de sa libération, en travaillant à détruire ses passions et à dompter sa nature inférieure. Ce travail, nul ne peut le faire pour lui, et s'il veut parvenir au plan spirituel il doit y voler de ses propres ailes.

Ces ailes sont la *prière* et le *sacrifice*. La *prière*, qui attire sur lui les forces nécessaires. Le *sacrifice*, par lequel les épines du chemin lui arrachent, lambeau par lambeau, le lourd vêtement de matière que son âme faible et lassée traîne péniblement.

Les premiers combats sont les plus pénibles et les premières victoires les plus coûteuses. Mais, lorsque l'homme persévère courageusement dans la voie du renoncement et de la perfection, les obstacles s'aplanissent peu à peu et la route se fait sûre et commode sous ses pas agiles.

Un jour enfin, devenu conscient de sa force et de son pouvoir, il peut rejeter loin de lui le pain amer de l'ignorance et de la douleur, et porter à ses lèvres avides les fruits doux et savoureux du *savoir* et de l'*amour*.

III

Amis, il n'y a pas, à proprement parler, d'habitants sur les plans invisibles, il n'y a que de la vie, ou force fluidique en circulation, et des désincarnés en train de mourir une seconde fois, c'est-à-dire de se dépouiller des fluides lourds générés pendant l'incarnation.

Lorsque l'esprit, revenu dans l'invisible, a achevé d'épuiser la force qui retenait ses parcelles groupées autour de lui, celles-ci s'échappent, et retournent en liberté dans l'atmosphère fluidique, comme les molécules de son corps sont retournées aux éléments atmosphériques de la terre. Il ne reste plus alors de l'âme désincarnée qu'un noyau de parcelles plus épurées, en qui se concentrent les résultats et les acquis de l'incarnation passée. Ce noyau forme une petite part de vie, ou essence fluidique, qui, réunie aux parts de même nature, constitue la force inhérente à chaque plan.

Il nous est aussi difficile de vous faire comprendre ce que sont ces forces vivantes, agissantes, intelligentes, qu'il vous est peu facile de faire comprendre à un aveugle-né la composition et la différence des couleurs. Tout ce que nous pouvons vous dire, c'est que cette petite portion de vie ou fluide est tout à la fois : un *miroir*, qui garde l'empreinte des pensées, des paroles et des actions de la vie passée ; un *souffle*, qui s'ajoute aux souffles semblables pour produire l'énergie, essence même de la force ; une *lueur*, qui reflète avec plus ou moins de pureté l'intelligence suprême, l'universel Amour.

Chaque noyau de parcelles, dont l'ensemble constitue la vie qui circule sur chaque plan de l'Invisible, peut, à son gré et momentanément, reprendre son individualité, en se servant des fluides lourds qui l'entourent, pour se créer une forme éphémère et transitoire.

Un grand nombre parmi vous ont entrevu ces formes passagères, se demandant, avec curiosité, ce que devenaient, après leur dis-parition, les entités qui les avaient un instant animées. Pour les satisfaire nous répondrons que, retournées à la vie commune, elles jouissent d'une vie personnelle plus ou moins limitée selon le degré d'épuration des forces dont elles font partie. Et nous ajouterons que cette vie personnelle n'a de valeur qu'en proportion de la *lumière* divine qu'elle reflète, de l'*amour* infini dont elle transmet le pur rayonnement.

Lorsque sonne l'heure de la réincarnation, cette petite part de vie, dont nous étudions l'évolution, se dédouble pour ainsi dire. Une partie reste attachée au plan qu'elle occupe ; l'autre, emportant avec elle sa part des acquis antérieurs, s'unit au germe en formation ; elle devient le foyer de l'âme, c'est-à-dire le moteur qui met en activité ses centres de vie, pour attirer et grouper autour de lui les parcelles et les molécules devant composer la nouvelle personnalité.

Si, par une coïncidence fortuite, deux âmes incarnées se composaient d'un nombre identique de parcelles, soit comme Volonté, soit comme Idéal, non seulement leurs corps physiques se ressembleraient, mais elles auraient les mêmes pensées, les mêmes désirs, les mêmes sentiments. En un mot, elles réaliseraient le rêve des âmes sœurs, rêve qui, si souvent, a hanté l'imagination des poètes et des romanciers.

Un lien fluidique unit l'âme réincarnée à la partie d'elle-même restée dans l'Invisible, et c'est par elle que les forces spirituelles lui seront dévolues pour l'aider dans sa tâche, selon l'étendue de leur pouvoir.

Plus est fructueuse la vie de l'Incarné, au point de vue moral, plus a de valeur la petite part d'énergie qu'elle rapporte à la masse commune; plus se développent les forces spirituelles sous l'effort commun et plus chaque part de vie en retire secours et profit. Touchant résultat de la *Solidarité* qui fait que le progrès de la partie profite à l'ensemble et que la force de l'ensemble profite à la partie.

C'est ainsi que, sous la poussée de l'évolution, la matière s'épure, les forces grandissent et se spiritualisent, la vie s'intensifie et tout marche vers l'*Infini*.

IV

Amis, toutes les formes qui s'agitent sur le globe sont autant de moules dans lesquels la force fluidique s'enferme sur le plan physique pour se purifier, s'intensifier, se spiritualiser.

Ce sont les souffrances, les déceptions, les
épreuves de la vie, qui l'épurent. C'est la
reconstitution des groupements, opérée par
les incarnations successives, qui la développe.
C'est le travail du mental et le jeu de la
pensée qui la spiritualisent.

Au début du monde, alors que les parcelles affreusement divisées font des efforts sur-
humains pour se dépêtrer de la masse de
matière qui les enserre, les chocs produits
par leurs contacts dégagent une force fluidique puissante, mais non pondérée. Les
formes créées par elle sont rudimentaires;
ses efforts sont insuffisants pour s'opposer
aux convulsions et aux cataclysmes de ces
époques troublées.

Au cours des âges les formes se préci-
sent, les groupements se reconstituent, l'intellect apparaît et les forces fluidiques, sous
la poussée de l'évolution, commencent leur
travail de pondération.

Ce travail ne s'accélère que lorsque, dans
l'être humain, les forces s'équilibrent par des
groupements égaux d'idéal et de volonté.

Dans la troisième période humanitaire où
vous allez entrer, ces groupements mixtes,
se généralisant, donneront aux forces fluidi-

ques une vitalité plus active et plus féconde.

Les courants mauvais produits par la haine, la jalousie, les conceptions étroites et bornées feront place aux courants intellectuels spiritualisés d'où se dégageront le *savoir*, dans son éclat lumineux, *l'amour*, dans sa plus large expansion.

Il vous est facile maintenant de saisir l'ensemble du processus de l'évolution. L'action combinée des forces qui sont en vous et autour de vous, change la matière opaque et lourde en matière pure, spécialisée par la substance grise que sécrètent vos cerveaux. La matière pure se transforme en fluides : les fluides deviennent Volonté et l'Idéal. La Volonté et l'Idéal se transforment en Intelligence et Amour.

C'est sur le plan terrestre que la matière s'épure, sur les degrés de l'Astral qu'elle se fluidifie et se change en Volonté et Idéal; sur le plan spirituel qu'elle se transforme en Intelligence et en Amour.

Au sommet de ce plan, les groupements complétés, les dualités reconstituées, donnent aux forces fluidiques une intensité de vie qui leur permet de faire irruption sur le degré supérieur que nous appellerons le

plan divin. Parvenus à ces hauteurs, l'Intelligence et l'Amour commencent le travail
de pénétration qui doit donner naissance à
la pure et blanche Unité. C'est donc à l'U-
nité qu'aboutit l'évolution des forces fluidiques. C'est sous sa forme divine qu'elles
font leur entrée au sein de l'Infini pour
poursuivre la recherche de *l'absolu* et du
parfait au milieu des surprises ineffables,
des bonheurs sans fin, des gloires éternelles
de la vie libre et triomphante.

V

Amis, la vie ou fluide, est une forme supérieure du mouvement, qui est lui-même le
fils obéissant du souffle divin venant de l'Infini.

Le son, la lumière, la chaleur, l'électricité sont des formes plus inférieures du mouvement, qui produisent les vibrations de
l'éther, auxquelles peuvent correspondre vos
organes.

Lorsque vous aurez compris comment l'appareil délicat placé dans votre oreille perçoit

les vibrations du son ; comment celui, plus délicat encore, placé dans votre œil, perçoit celles de la lumière, vous serez bien près de comprendre comment les fibres subtiles qui composent votre mental peuvent répondre aux vibrations correspondantes de l'espace.

Les vibrations générées par la pensée, le désir, les émotions, provoquent dans l'invisible des vibrations analogues, et leur rencontre produit un choc d'où jaillit une étincelle fluidique, qui s'ajoute aux étincelles de même nature, pour entretenir et perpétuer la vie sur tous les plans de l'au-delà.

Les pensées et les sentiments qui se dégagent des passions mauvaises intensifient la vie des couches inférieures et forment des liens qui enchaînent à ces tristes lieux les malheureux courbés sous leur joug.

C'est avec les éléments des degrés moyens de l'Astral que s'échangent les pensées, les désirs, les émotions, de ceux d'entre vous qui emploient leurs facultés à la seule recherche des biens terrestres et des jouissances matérielles. La soif de l'or, l'égoïsme, l'orgueil, la malveillance, créent des fluides opaques, qui alourdissent la vie sur ces plans, et rendent ceux qui en font partie incapables de percevoir la lumière des régions supérieures.

C'est avec le plan le plus élevé de l'Astral que correspondent les dévots de toutes les religions, les mystiques de tous les pays. A l'aide des fictions religieuses ou des enseignements transmis par des traditions faussées, ils se créent un idéal imaginaire qui suffit à leurs aspirations jusqu'à ce que leur âme, mieux éveillée, réclame une part plus large de lumière et de vérité.

Il importe donc de travailler à dompter vos passions, à élever le niveau habituel de vos pensées, à pénétrer votre esprit des choses de la vie réelle pour qu'après votre mort, vos parcelles, ayant cessé de faire partie de la circulation des vies inférieures, puissent venir sur le plan spirituel s'ajouter à nos groupements et donner à la vie qui nous anime une intensité nouvelle et féconde.

Que dire à nos frères malheureux, dominés par leurs passions mauvaises, dont les fluides noirs et lourds, semblables à des vagues agitées, les ballottent et les submergent. Pauvres Samsons aveugles, ils s'épuisent à tourner la roue qui broie les aliments grossiers dont se repaissent leurs âmes enfantines, sans voir qu'à portée do leurs mains se trouvent les fruits savoureux de l'arbre de vie et les sources pures et bienfaisantes qui désaltèrent et rafraîchissent.

A ceux dont l'ambition se borne à la recherche des biens matériels, nous dirons: cessez donc de vouloir remplir de vos désirs, de vos espoirs, de vos illusions, ce tonneau des Danaïdes que représentent vos vies inutiles, où vous ne trouvez jamais que le vide, les déceptions, la dure nécessité d'un perpétuel recommencement. Détournez vos regards des horizons étroits de la terre, pour les reporter vers les régions supérieures, dont vos frères aînés s'efforcent de vous montrer les immenses et radieuses perspectives.

A ceux, nombreux encore, dont l'esprit se cantonne dans des conceptions religieuses insuffisantes et bornées, nous dirons : Travaillez à détruire le mur de séparation que le fanatisme a élevé entre vos frères et vous ; travaillez surtout à vous défaire de cette ténacité de volonté et de cette fausse conception de l'idéal, qui retiennent vos âmes captives dans l'enceinte murée d'un temple vide ou dans les bornes étroites d'une croyance erronée.

Du plan spirituel où nous sommes, et où vous devez vous efforcer d'arriver, nous ne voyons plus, entre les hommes ni sépara- tion, ni barrière d'aucune sorte. L'humanité entière nous apparaît comme une immense famille d'âmes, d'âges différents, mais tou- tes enfants d'un père commun : l'Infini ! parmi ces âmes, les plus jeunes, qui sont, hélas ! les plus nombreuses, s'occupent à poursuivre les biens illusoires et trompeurs de la matière. Les autres, les aînées, tra- vaillent à grossir le trésor précieux des forces spirituelles qui sont l'héritage de toutes.

Cet héritage est le fruit des vertus et des actions généreuses des générations passées dont nous avons tous fait partie. En l'aug- mentant par vos efforts actuels vous en béné- ficierez dans vos étapes futures.

Laissez donc de côté les pratiques inutiles de vos religions vieillies ! Qu'un souffle plus large dilate vos âmes afin que le fluide éthéré puisse les pénétrer de lumière et d'amour.

Alors, au lieu de retarder le char du pro- grès dans sa marche, vous joindrez vos efforts aux nôtres pour l'aider à conduire l'humanité vers ses glorieuses destinées.

VI

Amis, nous vous avons dit que les forces fluidiques, en entrant sur le plan spirituel, changeaient de forme et de nom.

La volonté, débarrassée de l'orgueil qui entretenait sa tenacité, devient l'*Intelligence*, c'est-à-dire la lumière qui montre toute chose sous son véritable aspect.

L'Idéal, délivré de l'égoïsme qui entravait son essor, devient l'*Amour*, enveloppant tous les Etres dans son pur rayonnement. Au sein de cette lumière et de ces effluves, l'âme se dilate : ses facultés se décuplent. Ce n'est plus avec ses perceptions bornées qu'elle se rend compte de ce qui l'entoure ; faisant partie de la vie commune, c'est avec le pouvoir de l'Ensemble qu'elle dévoile, pénètre et s'assimile tout ce que son regard embrasse.

Comment vous dépeindre ces étincelantes lueurs représentant, avec autant de netteté, les perspectives de l'infiniment grand que les

menus détails de l'infiniment petit ? perce-
vant aussi bien les idéales conceptions du
génie que la sourde vibration de la pensée
qui s'ébauche ; éclairant le passé des Etres,
l'histoire des mondes, la genèse des Univers
dont les innombrables théories se déroulent
dans les plaines de l'Immensité.

Sous les reflets de cette clarté, l'orgueil
du moi infime disparaît comme le brouillard
du matin se dissipe sous les rayons du
soleil levant. L'âme, en face des erreurs et
des faiblesses de son passé, reconnaît tout
à la fois la petitesse de sa vie personnelle,
et l'incomparable grandeur de la vie universelle, dont elle n'est qu'une minime partie.

Que sont les sentiments mesquins de
l'amour terrestre comparés à l'ampleur, à
la plénitude de l'amour ressenti sur le plan
spirituel ? Le moule étroit du cœur s'est
brisé, et c'est avec le pouvoir de contenance
de tous les cœurs réunis que l'âme palpite
sous le souffle d'amour qui la pénètre. La
conscience égoïste de sa personnalité s'ef-
face pour toujours. Elle se sent vivre de la
vie de tous les Etres, partageant leurs joies,
ressentant leurs tristesses, sans que rien
cependant puisse troubler sa paix profonde,

car elle sait que le long pélerinage qui s'effectue à travers les vies renaissantes se terminera pour tous dans l'ineffable sérénité du bonheur à jamais conquis.

Sur le plan divin, les forces s'étant unifiées, entraînent la pensée dans une direction unique, qui l'amène sans obstacle vers les sources pures de la vérité. Sur le plan spirituel, les forces étant divisées, la différence d'appréciation dans les recherches se distingue par la prédominance, dans les groupements, des parcelles de Volonté ou des parcelles d'Idéal.

Combien il nous tarde de pouvoir pénétrer sur ce plan divin où la vérité se montrera sans voile ! où la lumière se projettera sans ombre !

Il appartient à vous tous d'abréger notre longue attente. Les parcelles composant le foyer de vos âmes doivent venir un jour compléter nos groupements. En travaillant à leur épuration vous préparez votre bonheur futur et vous contribuerez au nôtre, en nous fournissant les forces nécessaires pour poursuivre notre lente et glorieuse ascension.

VII

Amis, au moment où la vie débordante de l'Astral commence à faire irruption sur le plan terrestre au moyen de votre organisme plus délicatement constitué, il est bon de vous éclairer sur les avantages et les inconvénients de cette mystérieuse invasion.

Cette invasion n'est point livrée aux hasards de l'imprévu. Par le fait de la domination exercée sur les forces inférieures par les forces supérieures, elle est constamment surveillée, dirigée, endiguée. Pas une forme de l'Astral ne se montre à vos regards, pas une pensée intuitive n'impressionne votre mental, aucune manifestation occulte n'a lieu sans que les vibrations produites par elle, se répercutant sur les plans élevés de la vie, n'y fasse naître une surveillance capable d'en modifier les effets.

Lorsque les tentatives des forces occultes exercent sur vous une pression pénible, l'appel énergique aux forces supérieures les aide à vous en délivrer, non toutefois sans vous en laisser tirer profit, s'il y a lieu.

C'est au moyen des courants fluidiques qui vous mettent en rapports constants avec les éléments de tous les degrés de l'Astral que la pensée intuitive pénètre votre mental ; c'est en s'emparant momentanément de vos organes que les forces fluidiques se manifestent à vous. Enfin c'est en employant vos fluides personnels et ceux de l'ambiance qu'elles revêtent les formes qui vous apparaissent. Les communications avec les degrés inférieurs de l'Astral n'ont d'autre avantage que de vous prouver la continuation de la vie après la mort, vous faire connaître les conditions de cette vie, la souffrance de certaines âmes, l'insouciance des autres, le point de vue borné de celles qui ont vécu sur la terre dans l'erreur, les préjugés, la superstition.

La haine et les sentiments mauvais attirent autour de vous des influences occultes dangereuses et néfastes. Les sentiments généreux, l'amour désintéressé créent des courants fluidiques par lesquels se manifeste à vous l'influence favorable de l'Invisible.

Ces influences auraient une portée bien plus grande si les groupements de ces plans secondaires savaient unir leurs forces, et projeter sur un point unique le pouvoir dont ils disposent.

Plus puissant encore est le pouvoir des

forces fluidiques sur le plan supérieur de l'Astral. L'aspiration à un même idéal, l'unité de croyance et de pensée, donnent aux groupements une force de cohésion dont le pouvoir s'est traduit dans tous les temps et dans tous les pays. Les apparitions publiques ou privées, les visions religieuses, les guérisons obtenues dans les sanctuaires où les lieux de pèlerinage, toutes ces choses que vous appelez miraculeuses ne sont que l'effet du pouvoir fluidique se manifestant dans un milieu propice.

Les visions provenant de l'Astral sont revêtues des couleurs plus ou moins pures de la terre; celles qui proviennent du plan spirituel sont formées d'une substance lumineuse impossible à vous dépeindre, car rien de ce qui vous entoure ne saurait lui être comparé.

Les communications émanant des degrés de l'Astral ont en vue votre propre intérêt et ce qui vous touche personnellement: celles qui émanent du plan spirituel se rapportent au bien général et au progrès collectif. La lumière provenant de ces hauteurs ne pénètre votre mental que pour se répandre autour de vous et profiter à tous.

Le courant humanitaire qui entretient la vie sur ce plan ne comporte ni égoïsme, ni orgueil, ni sentiment mesquin d'aucune sorte. La *pureté*, le *savoir*, *l'amour* peuvent seuls vous rendre dignes de correspondre avec vos frères aînés pour en recevoir de lumineuses inspirations, qui vous feront participer dès ici-bas à la grandeur et à la plénitude de la vie supérieure.

Aux heures de profond recueillement, il a été possible à quelques-uns parmi vous d'entrevoir ces frères aînés, sous les formes exquises qu'ils ont le pouvoir de revêtir. Leur visage rayonnant, leurs vêtements lumineux, l'éclatant reflet qui les entourait, ont pu leur faire soupçonner la splendeur et la beauté du plan qu'ils occupent.

Aucune parole n'est sortie de leurs lèvres, mais dans leurs regards fixés sur eux, ils ont vu luire une si pure tendresse, une si douce pitié, une si vive compassion, qu'éperdus de joie et enivrés d'espoir ils ont compris qu'il leur était donné de contempler l'idéale perfection à laquelle tous les êtres doivent parvenir.

Mayenne, Imprimerie Ch. Colin.

REVUE SPIRITE

Journal mensuel d'études psychologiques, fondé par ALLAN KARDEC, publié par la Librairie des sciences psychiques et spirites ; paraissant du 1er au 5 de chaque mois, depuis le 1er janvier 1858, 64 pages grand in-8° et 8 pages de garde supplémentaires, soit 72 pages.

Rédacteur en chief de 1870 à 1901 : P.-G. LEYMARIE.

Prix de l'Abonnement

France, Algérie, Tunisie, Corse.	10 francs par an.	
Étranger.	12 —	—
Outre-Mer	14 —	—

On peut se procurer les numéros séparément, depuis le commencement de la publication, 1er janvier 1858, au prix de 1 franc.

Collection de la Revue Spirite depuis 1858. — Chaque année est vendue séparément, toute brochée, au prix de 6 francs. L'année qui précède l'année courante, prise séparément, même prix que l'abonnement de l'année. Reliure 2 francs en plus par volume ; à partir de 1893, le nombre de pages se trouvant doublé, la reliure est de 2 fr. 50. Collection entière, prix spécial.

Un *Numéro spécimen* de la **Revue spirite** est envoyé, *franco*, à toute personne qui en fait la demande par lettre affranchie et contenant un timbre français de 0 fr. 25. Il n'est répondu qu'aux lettres contenant un timbre d'affranchissement.

Les bureaux de la **Revue spirite** sont à la *Librairie des Sciences psychiques et spirites*, 42, rue Saint-Jacques.

Les mandats, chèques ou lettres de change doivent être adressés à Mme P.-G. LEYMARIE, 42, rue Saint-Jacques.

L'ABONNEMENT SE PAIE A L'AVANCE

Livres fondamentaux de la Doctrine Spirite

par ALLAN KARDEC (prix 3 fr. 50)

Le Livre des Esprits. — Le Livre des Médiums.
L'Évangile selon le Spiritisme. — Le Ciel et l'Enfer ou
la Justice divine selon le Spiritisme. — La Genèse, les
Miracles et les Prédictions selon le Spiritisme.
Œuvres posthumes (reliés 1 franc en plus).

Crookes (William), membre du bureau de la Société royale
de Londres, chimiste éminent. Recherches sur les phénomènes psychiques, (1 vol. de 210 p., avec figures. 3 fr. 50

Crowe (Mistress Catherine). Les Côtés obscurs de la Nature
ou Fantômes et Voyants. 5 fr. et 6 fr. port payé.

Delanne (Gabriel). Le phénomène spirite. 2 fr.

Denis (Léon). Après la mort. (14e mille). 2 fr. 50

Eriam (Jean). Le Crédo philosophique d'un franc-maçon.
Port payé. 2 fr. 50

Espérance (E. d'). Au pays de l'ombre. 28 planches hors
texte. 4 fr.

Gardy (Louis). Cherchons ! 2 fr.

Grimard. Une Échappée sur l'Infini. Recommandé. 3 fr. 50

La Beaucie (Albert). Les grands horizons de la vie, abrégé de
Psychologie moderne, preuves expérimentales. 3 fr.

Metzger (D.). Essai de spiritisme scientifique. 2 fr. 50

Nœggerath (Mme Rufina). La Survie, sa réalité, sa manifestation, sa philosophie. Échos de l'au-delà, préface de Camille
Flammarion, couverture illustrée par Hugo d'Alesi. 3 fr. 50

Nus (Eugène) Les grands mystères 3 fr. 50

Recueil de prières et méditations spirites, relié. 1 fr. 50

Colonel de Rochas d'Aiglun. Extériorisation de la Motricité,
avec dessins, grand in-8 carré. 10 fr.

Stainton Moses (W.). Enseignements spiritualistes. 5 fr.

Wallace (Sir Alfred Russel). Les miracles et le moderne
spiritualisme (épuisé). 10 fr.

Mayenne, Imp. CH. COLIN.

www.ingramcontent.com/pod-product-compliance
Lightning Source LLC
Chambersburg PA
CBHW052058090426

42739CB00010B/2225